ジョン・ロック

ロック

●人と思想

田中　浩
浜林　正夫
平井　俊彦
鎌井　敏和
共著

13

CenturyBooks　清水書院

ロックについて

人間は生きていくうえで、なんらかの思想をもたなければならない。思想のない人間は、かれが生活し生きていくなかで、たえず不安なものである。思想とはなんだろうか。わかりやすくいえば、人間が生きているこの社会にたいして、どのようにかかわりあっていくかということについての考え方とでもいえよう。だから、言葉をかえていえば、人間ひとりひとりの生き方についての考え方ともいえるだろう。

ところで、このような思想は、長年にわたる勉強や経験が積み重ねられないと決してできあがるものではない。人が、それぞれの思想をつかむ道は、決して平たんで容易な道ではない。だから、われわれは、偉大な思想家たちの思想に親しむことによって、そこから、われわれの思想のかてになるものを少しでも吸収しようと努力する。大思想家の思想は、われわれが、みずからの思想を築き上げていくさいの導きの星となるであろう。

ロックは、封建社会から近代社会へ移行する一七世紀イギリスの大変革期に思索《しさく》した大思想家であった。ロックは、このような混迷の時代にあって、人間の自由と権利を理論的に明らかにし、またそれらを真に保障していくためのさまざまな民主的な諸制度の改革案を提起した。かれの思想が偉大であり、しかもこんにちのわれわれがかれに学べる点は、かれの人間や社会にたいする考察が一面的ではなくあらゆる方面にわたってなされていることであり、かつそれらの考察が体系的であり首尾一貫していることである。かれの政治・経済・哲学・宗教・教育についての考察は、すべて近代人の思想原理を追求したものであり、その意味で、かれの思想の一面だけをとりだしては、ロックの思想を全体的に語ることはできないのである。しかも、かれの全思想の根底を貫いているものは、当時の封建的な思想にたいするあくことのない抵抗精神であった。

　こんにち、われわれは、たしかに、ロックの時代よりもはるかにすすんだ民主主義社会に生存している。しかし、われわれは、こんにちにおいても、解決されなければならないさまざまな矛盾が山のようにあることに気づいているだろう。にもかかわらず、われわれは、現代社会が、あまりにも巨大で複雑多岐であるために、そのような矛盾が、どこから発生し、またどのようにしてその矛盾を解決すればよいかがわからずに、とかく、そのような問題を考えることを中途で放棄し、日々安穏《あんのん》に生きることのみに汲々《きゅうきゅう》としてはいないだろうか。人間の生きていく支えである思想を各人ひとりひとりがつかみとるためには、人間は、理論をもたなければならない。思想や理論をもたない人間は、ちょうど、戦場において弾薬をもたない兵士にひとしいのであり、それは無力なものである。

　われわれは、ロックが、かれの生きた時代に、一人の人間として、思想家として、なにに対決しようとし、またそのためにどのような理論を構築しようとしたか、という点から多くのことを学ぶことができる。もちろん、ロックが対決した時代とこんにちわれわれが対決しようとする時代とは、その構造において、またその規模において、比較にならないほど複雑で巨大であることはいうまでもない。しかし、なにに対決すべきであるかという根本問題を適確に把握し、そのためにあらゆる側面からそれに肉迫する方法と態度においては、われわれは、いぜんとして、ロックの思想から大いに学ぶことができるのである。読者が、そういう観点から、わたしたちのこのつたないロック研究を批判的に摂取されることを心から切望してやまない。

さて、わたしたちは、以上のような基本的観点から本書を執筆したから、ここでは、たんに、ロックが、ああいったとかこういったとかいうことではなくて、ロックの思想が生みだされてくる歴史的な背景や当時の社会において解決をせまられていた課題、またその理論的な系譜とをなるべく密接させて明らかにしていくことに留意した。それが、本書の特色といえればいえると思うが、そのことが十分に成功しているかどうかは、読者の厳正な判断にまかせるとしよう。われわれひとりひとりが、自分のものとしての思想を作りあげることが、きわめて困難なことであるように、偉大な思想家の思想を理解することも決して容易なことではない。思想はやはり、ひたいに汗してつかみとるものでなければならないであろう。

最後に本書の執筆分担は次のとおりである。

「ロックについて」「ロックの政治思想」「あとがき」　田中　浩　「ロックの時代と生涯」「ロックの経済思想」「ロックの教育思想」　浜林正夫　「ロックの哲学思想」　平井俊彦　「ロックの宗教思想」　鎌井敏和

一九六七年九月一日

田　中　浩

目次

17世紀のイギリス

ロックはサマセット州のリントンに生まれ，生涯の大半をロンドンで過したが，フランス，オランダにも滞在した。晩年はオーツに住み，そこで近代民主政治の父として輝かしい生涯を終わった。

I

ロックの時代と生涯

ロックの時代

嵐の世に生まれて

「この世の中に生まれてくるとすぐ、わたくしは嵐のなかに放りだされ、この嵐はその後ずっとつづいてきた。だからわたくしは、平穏な世の訪《おとず》れを、最大のよろこびと満足をもって迎えざるをえない。」

一六六一年の五月、二九歳のジョン＝ロックは自分の幼年、少年の時代をふりかえって、こう書いている。この言葉のとおり、ロックは生まれるとすぐから、戦乱のなかに育ち、動揺と混乱の時代をすごしてきたのであった。ロックの生涯についてのべるまえに、まず簡単にこの動乱の時代についてのべておきたい。

ロックがイングランド南西部のサマセット州のリントンという田舎《いなか》で生まれたのは、一六三二年八月二九日のことであった。当時のイングランドでは、国王と議会とのあいだに長い対立があり、ロックが生まれる四年前、つまり一六二八年の五月には、有名な「権利の請願」が議会から国王チャールズ一世へ提出された。国王はいったんこれを承認したものの、すぐまた態度を変え、逆に議会を解散しようとくわだてた。議会はこれに反対し、議長をおさえつけて、国王の解散命令を読みあげさせず、さらにもう一度、国王を非難する決議をおこなったりしたが、とうとう抵抗しきれずに、翌年三月、議会は解散された。いまと違って当時の議会は、解散のあとすぐ総選挙というわけにはゆかず、このあと一〇年以上も議会はひらかれず、国王の独裁がつづくのである。

国民はもちろん、黙って我慢をしていたわけではない。国王が勝手に税金をかけようとすればこれに反対し、国王が教会をとおして特定の宗教をおしつけようとするとこれにも反対し、国内の政治についても外交政策についても、はげしく国王を攻撃した。国王はきびしい弾圧政策をもってこれにのぞみ、国王や教会を非難したものをつかまえて、耳をきりおとしたり、街のなかにさらし台をつくってここに何日も立たせ、鞭《むち》でなぐりつけるとか、馬車のうしろにしばってロンドン市内をひきずりまわすとかいうような、残虐《ざんぎゃく》な刑罰をおこなったりしたが、こういう弾圧は国民をますます怒らせ、国王を非難する声はいっそう大きくなっていった。ロックが生まれたのは、こういう国王と国民との対立が、ますますはげしくなっていた時期だったのである。

ジェントルマンの家系

それではこういうはげしい対立は、なぜ生まれたのだろうか。それは、チャールズ一世がわがままだったからとか、国民を代表する議会が勝手なことを要求したからとかいうような理由によるのではない。対立がおこるのには、もちろんいろいろな偶然の事情もあったであろうけれども、根本的にはもっとふかい社会のしくみの変化に、その原因があったのである。それは一言でいえば、封建社会から近代社会（資本主義社会）へのうつりかわりということである。

封建社会は農奴制というしくみのうえになりたっている。日本には、「百姓とゴマの油はしぼればしぼるほど出るものなり」という言葉があって、徳川時代の農民がひどい搾取《さくしゅ》をうけていたことは、よく知られているとおりだが、イギリスにもこれと似た意味で、「百姓と柳の木は摘《つ》めば摘《つ》むほどよく育つ」という言葉がある。封建社会で農民がしぼりとられたのは、どこの国でも同じことであった。しかし農業の生産力が発達してくると、この制度はくずれてくる。農民のなかからだんだん裕福な人びとがあらわれ、これが新しい地主になって、やがて領主や貴族を圧倒するような勢力をもつようになってくる。日本でこういう変化がおこってくるのは、徳川時代のなかごろ以後で、武士に対抗して豪農という新しい階級がでてくるのだが、イギリスでは日本より二百年以上もまえに、つまり一六世紀のなかごろから、同じような情勢が生じていた。日本の豪農にあたる階層は、イギリスではジェントルマンあるいはジェントリといわれるものであって、かれらはロンドンを中心として勢力を伸ばしてきた商人や、イングランドの北部、東部、南西部におこってきた毛織物産業の資本家などと手を結び、一七世紀にはいるころには貴族や領主を圧倒し、国王に対抗して政治権力を自分たちで握ろうとしたのである。一七世紀の政治危機の根本原因はここにあったといわなければならない。

ジョン＝ロックの家系は、ちょうどぴったりとこういう時代の動きをあらわすものであった。ロックの先祖は四代まえまでたどることができるが、四代まえの曽々祖父は一六世紀はじめごろのロンドンの商人で、その孫（つまりロックの祖父）のときロック家はサマセット州に土地を買って地主（ジェントリ）となり、同時に毛織物生産をいとなむ織元となった。サマセット州は当時のイングランドの毛織物生産の中心地のひとつである。このようにロックの家系は、ロンドン商人と新興ジェントリと毛織物の織元という新しい三つの階級の結びつきを、典型的にしめしていたのである。このことだけから考えてみても、ロックが当時の国王と議会との対立のなかで、どちらのがわを支持するようになるだろうかということは、おおよそ想像できるに違いない。

新しい思想の流れ

国王と議会との争いの根本には、こういう社会のしくみのうつり変わりがあったのであるが、その変化を反映し、そして争いをいっそうはげしいものにしていたのは、思想的な対立であった。いつの時代についてもいえることだが、世の中を動かしてゆく根本にあるものは社会のしくみであるけれども、社会をつくっているものが人間であるかぎり、社会のしくみの変化と対立とは、かならず思想の変化と対立としてあらわれてくる。ジョン＝ロックの偉大さは、かれがこの当時の新しい思想をいろいろな面であらわしていたという点にあるのである。

この時代の新しい思想のひとつは宗教改革の流れで、これはいうまでもなくルターやカルビンにはじまるものであったが、一七世紀のイギリスでは清教主義（ピューリタニズム）としてあらわれていた。イギリスは一六世紀に宗教改革をおこない、カトリックから分離して新教の国となっていたが、このイギリスの宗教改革はきわめて不徹底なもので、教会組織の面でも教義の面でもカトリック的なものを多く残していたた

シェークスピア

め、もっと改革を徹底し、「清らか（ピュア）な教会」をつくろうという運動がおこるようになってくる。これが清教主義であって、一七世紀のはじめにイギリスからアメリカへ移住した「ピルグリム＝ファーザース」なども、この流れをくむ清教徒たちであった。ロックの父もやはり熱心な清教徒で、ロックが幼年時代から少年時代にかけて影響をうけたのは、おそらくこの清教主義がもっともつよいものであったであろう。ただし、ロック自身が清教徒になりきったかどうかは、なかなか判定のむずかしい問題で、この問題については第二部でもう少しくわしくしらべてみることにしたい。

新しい思想のもうひとつのものは、ルネサンスの流れをくむヒューマニズムの思想である。これは、中世の思想が神と教会を中心とする宗教思想であったのにたいして、人間と自然を中心において考える考え方であって、たとえばイギリスでは、シェークスピアの文学や、フランシス＝ベーコンの哲学にあらわれている考え方である。シェークスピアがえがいているのは、『ロメオとジュリエット』のように、恋に生きぬこうとする男女の悲劇であり、『ベニスの商人』のように金儲《もう》けのためには道徳をも無視しようとする金貸しの姿である。ここでは神や教会の教えはでてこない。またベーコンが主張しているのは、真理というものは聖書のなかに書いてあるものではなく、人間が自分で観察し、経験や実験によってたしかめるものだ、という考え方であって、そのようにして科学や技術を発達させてゆけば、人間はゆたかな暮らしをすることができ、いくらでも幸福になれると考えられた。このベーコンの思想は、ふつう経験論といわれているものであって、やはり第二部でくわしくのべられるように、ロックの考え方もこの経験論が基礎になっているのである。

政治思想の面では、国王の権力は神から与えられたものであり、絶対に侵すことのできないものだという考え方に対して、人間は生まれつき平等であり、すべての人は基本的人権をもっているという自然法の思想が生まれていた。この思想を代表していたのはトマス＝ホッブズであって、かれはこういう考え方のうえにたって、社会は自由・平等な個々人があつまり、契約によってつくりあげるものだという、いわゆる社会契約説をうちたてた。一方イギリスには、国王・上院・下院が調和をとり協力して政治をやってゆくのが理想だという立憲君主制の考え方があり、これを保障しているのが普通法（コモン－ロー）だという主張がある。この考え方は君主制をけっして否定はしないが、しかし国王の権力を絶対的なものと考えるのではなく、法や慣習の枠内《わくない》に抑えようとするものであって、いまでもこういう思想が形を変えてうけつがれているようであるが、こういうイギリス固有の思想と、先にのべた自然法や社会契約の思想とをうまく結びつけたのが、やはりジョン＝ロックであった。第二部であつ

ベーコン

かかわれるロックの思想を、少し先回りしてのべてしまったけれども、当時の思想の動きをおおまかにみておくことも、ロックの時代というものを知っておくために、まず必要であろうと思う。

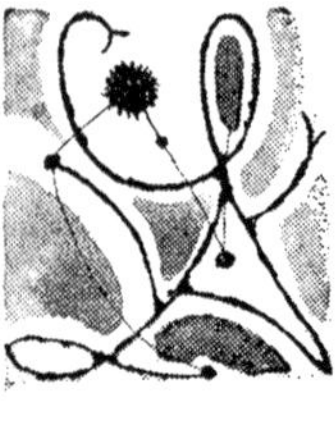

学生生活

ロンドンへ

ロックの幼年時代のことはよくわからない。ロックの父はやはりジョンという名前で、小地主であるとともに下級弁護士であり、治安判事の書記もつとめたといわれるから、この地方の有力者というほどではなかったにせよ、一応の地位をもつものだったし、暮らしむきも中流ぐらいだった。ロックは長男で、その次の男の子は生まれてまもなく死に、五つちがいの三男トマスは元気に育ったらしいが、くわしいことはわからない。

幼年時代から少年時代をサマセット州の片田舎ですごしたロックは、一六四七年、一五歳のときに故郷をはなれて、ロンドンのウェストミンスター＝スクールに入学することとなった。このころまでに、国王と議会との対立はすでに決定的となり、一六四二年から六年間にわたって両派はイングランド全土に軍隊をくりだし、血みどろのたたかいをくりかえしていた。議会軍の勇将オリバー＝クロムウェルが有名な鉄騎兵をひきいて国王軍に決定的な打撃を与えたのは、ロックがロンドンへでる一年まえのことである。ロックの父も議会軍の騎兵隊長として活躍したが、ロックの故郷のサマセット州では国王軍のほうが優勢で、ロックの父の部隊は戦闘にやぶれ、大きな被害を受けた。しかし全国的には議会軍が勝利をえ、ついに一六四九年一月

1616年ごろのロンドン橋

には国王を捕えてこれをギロチンにかけ、イングランドはその長い歴史のなかではじめて、国王のいない共和制の国となった。革命は成功したのである。ロックが勉強のためにでていったロンドンは革命の中心地であり、死刑場へひきずりだされるチャールズ一世の姿を、きっとロックも街頭でみていたに違いない。

ウエストミンスター‐スクールでの学校生活はあまりおもしろいものではなかった。この当時の学校はつめこみ式の教育で、とくにギリシア語やラテン語の文法を丸暗記させ、ギリシアやローマの作家の文章を一生懸命にまねさせるというやり方であった。自由にものを考え、自分の意見をのべるというようなことはゆるされなかった。ロックは年をとってから教育論を書き、学校教育の悪口をいっているが、これは自分の若いときの経験にもとづくものである。

しかしロックは勉強を怠《なま》けていたわけではない。学校の教育方法にひじような不満をもちながらも、ロックはよく勉強し、成績も優秀で、一六五二年の秋にはオックスフォード大学へ進学することとなった。当時のイングランドでは、オックスフォード、ケンブリッジの二つの大学か、またはロンドンにあった法学院を卒業することが出世の条件であったから、ロックもそういう出世コースに一歩足をふみいれることができたわけである。

医学への興味

しかしオックスフォードでもロックは、そこで教えられることにあまり興味をもつことはできなかった。ロックの将来に大きな期待をよせている故郷の父にたいして、ロックは自分の出世のことはあきらめてくれといい、あるいは将来どういう道にすすむべきかについて迷いつづけていた。名門の出身でないロックにとっては政治家として出世することは無理であり、教会にはいって牧師になるか、法律を勉強して弁護士になるか、あるいは勉強をつづけて学者になるか、この三つの道をそれぞれに考えぬいた末、ロックがえらんだのは最後の道であった。大学でのふるくさい教育にはまったく興味をもてなかったロックも、当時ようやく少しずつひろがってきた新しい学問には、ひじょうな興味をひかれたからである。この新しい学問というのは、自然科学であって、ロックも友人に誘われて自然科学の若い研究者のあつまりに出席し、そこではじめて、つめこみ式の丸暗記ではない学問、自分で観察し、自分で実験してみて結果をたしかめられる学問にふれることができた。フランシス＝ベーコンのとなえた経験論が、二〇歳をこえたばかりの若いロックの心をとらえたのである。そして自然科学のうちでもロックが一番興味をもったのは医学である。医者になろう、ロックはそう決心した。いまわたしたちはロックといえば哲学者であり、政治学者であると思っているけれども、ロックは死ぬまで医学に興味をもちつづけ、かれの残したぼうだいなノートには医学関係の論文やメモがひじょうに多い。ロックの哲学の土台にはこういう自然科学の考え方

オックスフォード大学

や方法があるのであって、この点はかれの思想を理解するうえでひじょうにたいせつなことである。

しかしいまと違ってこの当時は、医学を勉強してすぐ医者として開業するわけにはゆかなかった。国王や貴族の侍医となるのなら別であるが、民間の開業医などというものはなく、医者は薬屋か床屋の内職のようなものだったので、まだ独立の職業にはなっていなかった。そこでロックも一方では医学の勉強をつづけながら、職業としてはオックスフォード大学に残って、大学の講師となることとなった。一六五六年に大学を卒業し、五八年にマスターーオブーアーツの学位をとったロックは、一六六〇年の末、二八歳でオックスフォード大学のギリシア語の講師となる。自分が学生時代にさんざん苦しめられ、こんな昔の言葉を覚えてなんの役にたつのかと悪口をいっていたそのギリシア語を、こんどは自分が学生につめこむことになったのだから、皮肉な話である。

民衆への反感

一六四九年に国王を死刑にして勝利をおさめた革命は、しかしそれですっかり終わってしまったわけではなく、ロンドンを中心になおつづいていた。一六四〇年にはほとんど大部分の国民が国王に反対し、議会を支持していたのだが、内戦がはじまり、革命がはげしくなってくると、あまりに過激なやり方にはついてゆけないという人びとがしだいにふえてくる。とくに国王を死刑にするという前代未聞《みもん》の事件は、いっそう多くの人びとにショックを与え、これまで国民の支持をえて革命をすすめてきたクロムウェルを中心とする勢力に、かえって非難があびせられるようになった。このためクロムウェルらは一六四九年を境として、革命をすすめることをやめ、穏健派の人びととだんだん妥協しはじめるのである。

ところがもう一方では、ロンドンの下層市民や貧しい農民たちのなかには、こういう妥協に不満をもつ人びとが少なくなかった。革命で新しいジェントリやロンドンの商人や毛織物生産の経営者たちは、国王を殺し、貴族を追放して自分たちの手に権力を握り、自分たちにつごうのよい政治をやれるようになるだろう、だがふつうの農民ややとわれている労働者はどうなるのか、せっかく血を流してたたかっても、もとと同じではないか、いや以前よりかえって悪くなるかもしれない、とかれらは考えた。ここで妥協をするな、もっと徹底して革命をやれ、農民に土地を与えろ——そういう声が高まってきた。しかしクロムウェルはもうこういう民衆の要求に耳を傾けていることはできなかった。こうしていままでは国王や貴族や封建領主にたいするたたかいであった革命は、これからあとは民衆にたいする弾圧に変わるのである。死刑になったチャールズ一世の子どものチャールズ二世は、フランスへ亡命していたが、そこからイギリスのこういう情勢をじっと見つめ、父の敵《かたき》をうつ機会を待っていた。何回か失敗をくりかえしたのち、クロムウェルが死んでそのあとの混乱がとうていおさまりそうもないのをみたチャールズは、一〇年以上にわたる亡命から、ようやく帰国し、王位にもどることができた。それは一六六〇年五月のことであった。二〇年前には一致して国王をはげしく攻撃したイギリスの国民も、二〇年にわたる内戦と政変と混乱につかれきって、チャールズ二世の帰国を熱狂的に歓迎したという。

嵐の世に生まれ、嵐のなかに育ってきたロックが、平穏《へいおん》な世の訪《おとず》れを最大のよろこびと満足をもって迎えた、というのは、このチャールズの王政復古を迎えたときの感想である。ロックはオックスフォードの学生時代にクロムウェルをたたえる詩を書いたことがあるが、ロックもまた、革命のゆきすぎを心配し、クロムウェルの妥協を支持した国民の一人であった。とくにロックは、下層の民衆が熱狂的な信仰にこりかたまり、クロムウェルの政府を非難し、もっと徹底した革命を、と要求することには、我慢《がまん》ができなかった。小さいながら地主の出身であるロックには、貧しい農民の気持ちは理解できなかったのである。そういう農民の一人が捕えられて死刑場へおくられるのをみて、「こういう気違いどもを放《ほう》っておくのは大へん危険です」と父への手紙に書いている。一六六〇年ごろのロックは、こういう民衆運動にたいする反感から、革命そのものにも反対の立場をとり、国王の権力をつよくしなければならないと考えていたのであって、そのころロックが書いた「自然法論」という論文――これはごく最近まで出版されなかった――には、そういうロックの考え方がよくあらわれている。このときのロックはけっして民主主義者ではなく、反動的な絶対主義者だったのである。

哲学と政治

シャーフツベリとの出会い

民衆の熱狂的なゆきすぎへの反感から、革命そのものまで否定するようになったロックにとって、しかしチャールズ二世の政府はけっして期待にこたえてくれるものではなかった。とくにクラレンドン法典という名で知られているいくつかの法律は、ふたたび二〇年まえの教会政策を復活し、国教会に従わない非国教徒を追放し、その職を奪ったりして信仰の自由をおさえつけようとするものであった。ロックは非国教徒ではなかったから、そういう迫害をうけなくてすんだけれども、何千人という人びとが迫害されるのをみて、ロックの心は暗かった。そればかりでなく、チャールズ二世はフランスにいるあいだにカトリック教徒と親しくなり、イギリスでカトリック教を復活させようとしている、という噂も流れていた。ロックは清教主義の影響のもとに育ちながら、清教徒になりきったわけでなく、むしろ清教主義のなかにある頑固さや、ひとりよがりや、熱狂的な面にはかえって反感さえもっていた。しかしだからといって、たくさんの清教徒がなにも悪いことをしないのに、ただ信仰が違うというだけの理由で迫害されてよいものであろうか。ロックはそういう問題を考えつづけながら、チャールズ二世の政治にもだんだん失望していった。民衆への反感と国王への失望、ロックはそのあいだに板ばさみになっていた。

そんなときにロックの一生の運命をきめるような出来事がおこったのである。出来事といってもこれはほんの偶然の小さなことだったのだが、あとになってみてロックの一生を決めたといってよいほどの意味があることがわかるのである。一六六六年のある日、当時の一流の政治家であったアシュリ卿（のちのシャーフツベリ伯爵）がオックスフォードを訪問することとなった。アシュリ卿はオックスフォードの近くにあるアストロップというところの鉱水が身体によいときいていたので、あらかじめこれをとりよせておくように大学へたのんでおいた。たのまれたのはトーマスという医師であったが、トーマスは当日不在のためこれをロックへまただのみをし、ロックはこれを引き受けながらうっかりしてアシュリ卿の訪問の日に鉱水をまにあわせることができなかったのである。すっかり恐縮したロックは小さくなってアシュリ卿のところへお詫《わ》びに上がったが、アシュリ卿は意外に上機嫌でロックをひきとめ、食事をともにしながら雑談をかわした。そのときのロックの態度と会話のたくみさ、内容のゆたかさがよほどアシュリ卿の気にいったとみえ、卿はその後もときどきロックを招いたり訪問したりしていたが、とうとう翌年の春、ロンドンの卿の邸宅へうつってくるようにすすめ、ロックはこうしてアシュリ卿の友人兼秘書兼侍医としてロンドンへうつることとなった。

シャーフツベリ伯

このことはロックにとってたんに生活環境が変わったことを意味しただけではない。アシュリ卿といえば当時の政界のいわば実力者の一人で、一六六七年から七三年のあいだはクラレンドンに代わって政権を担当した五人委員会の第一人者であり、そののちは政府反対のがわにまわって野党をひきいた政治家である。その邸宅に同居し、その秘書となることは、いやおうなしにロックもまた政治の世界へはいりこむことを意味し、しかもやがて反政府勢力の中心となることを意味していた。だからこのアシュリ卿との出会いは、ロックのなかに生まれはじめていた国王への失望が、しだいにはっきりとした形をとるようになる大きなきっかけとなったのである。

哲学の芽生え

アシュリ卿の邸宅での生活は恵まれたものであった。ロックはこの時期にもずっと医学の研究をつづけており、また物理学者のロバート＝ボイルともつきあいがあって、気圧計による実験をつづけたりしていた。一六六八年にロックは王立協会の会員にえらばれたが、これはロックが科学者として業績をみとめられた証拠である。

このようにロックのおもな関心は、いぜんとして自然科学にむけられていたのであるが、しかしロックはけっして実験室にとじこもっていたわけではなく、政治や宗教にも関心をもちつづけていた。その一つのあらわれが、アシュリ卿にすすめられて書いたといわれる「宗教的寛容論」（一六六七年）である。さきにのべたようにロックは、チャールズ二世の政府の宗教政策にひじょうな疑問をもち、信仰の自由を認めるべきではないかという一つよい考えをもっていたのであるが、その考えをまとめたものがこの論文であり、これは出版はされなかったけれども、あとでロックが出版したいくつかの宗教論の基礎となったものであった。

しかしロックはまだそれだけでは満足できなかった。信仰はもちろん自由でなければならない。だがもっとつっこんで考えてみると、人びとがなぜ信仰の問題で対立するのかという問題がでてくる。どうして同じキリスト教のなかでも意見の対立があり、宗派の分裂がおこるのだろうか。なぜ人びとは真理について一致できないのだろうか。さらにもっとよく考えてみると、人びとの意見が対立しているのは、宗教だけではなく、道徳についても政治についても、人びとはつねに争っている。これはなぜなのだろうか。もし自然科学のばあいのように、だれも疑うことのできない真理が発見されれば、宗教や政治や道徳についても人びとは争わないはずだ。それではいったい真理とはなんなのか。人間はどうすれば真理を認識することができるのか。ロックはこういう問題を考え、友人と議論をした。そしてこの議論のなかから、ロックはそもそも人間はどれだけ真理を認識する能力があるのかという、いちばん根本的な問題から出発しなおさないと、いきなり道徳や宗教の問題にとびついても結論はでてこないということに気づいた。それは一六七〇年ごろのことであった。

その少しまえにロックはデカルトの本を読んで大へん感心したといっている。また、当時イギリスでかなり有力な哲学者のグループで、ケンブリッジ大学を中心にあつまっていたケンブリッジ－プラトニストとよばれる人びとがあったが、ロックはこの人びととも交際し、議論していた。しかしロックはデカルトやこういう人びとの考え方に、どうしても賛成することができなかった。そこでロックは一人で自分の考えを整理し、まとめはじめた。これがあとで有名な『人間悟性論』という書物にまとめあげられるのであるが、その最初の原稿は一六七一年に書かれている。

政治の渦中へ

このころロックは少し健康を害していた。ときどきはげしい咳《せき》におそわれ、胸を侵されていたらしい。ロンドンの冬は寒く、青空のみえる日はほとんどない。一六七一年から七二年にかけてのロンドンの陰鬱《いんうつ》な冬空は、とくにロックの身体にこたえた。自分が医者であるロックは、ロンドンでこのままずごすことは健康にひじょうに悪いことを知って、七二年夏、とくに休暇をもらってフランスへ旅行にでかけた。しかし政界でますます重要な地位をしめて、シャーフツベリ伯爵という称号をうけるようになったアシュリ卿は、ロックがゆっくりと療養するひまを与えず、一か月もたたないうちにロックをよびもどし、僧職任免局という役所の主事にロックを任命した。これは教会の役職につく人を推薦し任命する役所で、じっさいの仕事はほとんどなく、ロックは肩書と年三〇〇ポンドの俸給だけをもらっていたようなものであった。

しかしやがてロックの平穏な生活にも波乱がおしよせはじめた。それはまずロックのパトロンであったシャーフツベリ伯が、政府から追放されたことにはじまった。チャールズ二世がカトリック教徒に好意をしめし、フランスと仲良くするという外交政策をとったことはさきにのべたが、このため議会はしだいに国王に反対する態度をつよめ、ふたたび一六三〇年代のような国王と議会との衝突がみられるようになった。シャーフツベリはもちろん議会のがわの先頭にたって、国王の政策を批判していたが、一六七三年、国王の逆襲によって大法官というその地位を奪われ、政府の役職から追放されてしまうのである。その少しまえにロックは僧職任免局から通商植民局という、もう少し忙しい役所へうつっていたが、このシャーフツベリの失脚によって、ロックの職まで奪われるというようなことはなかったけれども、しかしロックもシャーフツベリとともにはっきりと政府反対の勢力へまわらなければならなかった。シャーフツベリは国王に反対する人びとをあつめて「ブルー・リボン党」という組織をつくり、ロンドンをはじめ各地の町や村では、人びとは政治の動きに大きな関心をしめし、活発な議論がくりかえされていた。この「ブルー・リボン党」がのちにウィッグ党となるものである。ロックもまたシャーフツベリを助けて、意見をのべ、野党勢力の結集に努力していた。

しかしロックの健康はやはりすぐれなかった。ちょうど一六七五年のはじめに通商植民局という役所が廃止され、ロックもその主事という職を解かれたので、こんどは本格的に静養をするつもりでロックはその年の一一月南フランスの保養地モンペリエへむけて旅立っていた。一説には、療養というのは口実でじつはシャーフツベリの政治活動についてゆけなくなったからだ、ともいわれている。この解釈にもいくぶんの真実はふくまれているように思われる。

祖国をあとに

フランス旅行

モンペリエの太陽は明るく暖かかった。一六七五年の暮から七七年の春まで一五か月間、ロックはモンペリエに滞在し、心ゆくまで南国の陽ざしをたのしみ、元気をとりもどした。サマセット州にある親ゆずりの土地からの収入と、シャーフツベリからの送金で暮らしに不自由はなく、好きな読書にふけり、あるいは関心のむくままに見学に出歩き、ロックはゆっくりとこの休暇をたのしみながら、哲学の問題を考え、宗教の問題を考え、フランスの実情を視察して見聞をひろめていた。とくにこの時期にロックが、ピェール＝ガッサンディをはじめとするフランスの快楽主義の哲学者を知ったことは、のちのロックの哲学に新しい要素をつけ加えることになるのである。

しかしロックの祖国イギリスでは政治情勢はいぜんとして不穏《ふおん》であった。一六七七年二月、チャールズは二年ぶりで議会を招集したが、シャーフツベリはこれに反対し、国王の怒りを買って投獄された。この知らせをモンペリエできいたロックは、祖国の情勢とシャーフツベリの運命を心配しながらも、しかも帰国しようとはしなかった。健康をとりもどしたロックはモンペリエからパリへもどったけれども、イギリスへ帰ろうとせず、一年あまりをパリにすごし、翌年春から秋にかけてまたフランス国内各地を旅行し、ロンドンへもどったのはさらにその翌年一六七九年の五月であった。出発いらい四年半、久しぶりにみるロンドンは、王位継承問題をめぐってわきたっていた。

　七七年の二月に投獄されたシャーフツベリは一年間の獄中生活を終えてすでに出獄していたが、出獄と同時にふたたび国王攻撃の運動を再開した。こんどは攻撃の目標はチャールズ二世ではなく、その弟のヨーク公にむけられた。チャールズには子どもがなかったので、その死後は弟のヨーク公が王位をつぐことがほぼ確実と思われていたが、ところがこのヨーク公はチャールズ以上にカトリックびいきで、もしヨーク公が王位についたら、カトリック教が国教になり、新教徒はみんな弾圧されるのではないかという心配さえ、まじめにささやかれていた。イギリスでは一六世紀のメアリ女王のとき、カトリック教を信奉して新教徒の大弾圧をしたことがあり、一七世紀のはじめにはカトリック教徒が議会議事堂の縁の下に火薬をしかけて爆破しようとして未遂《みすい》に終わった事件があったりして、カトリック教はひじょうに嫌《きら》われていた。ロックが帰国する少しまえ、カトリック教徒が国王を暗殺しヨーク公を王位につけるという陰謀をたくらんでいるという噂が流れ、この噂の出所《しゅっしょ》をしらべていたゴッドフリという判事が殺されるという事件がおこった。ロンドン市は恐怖につつまれ、たくさんのカトリック教徒がとりしらべをうけ、なかに拷問《ごうもん》にたえかねて嘘の自白をしたものがいて、二一名もの人が無実の罪で死刑となった。この事件は結局、タイタス＝オーツという嘘つきがとばしたデマによるものとわかったのだが――ゴッドフリ判事殺害事件はついに迷宮入り――こういうちょっとしたデマが大事件になるほど、人びとの心は不安につつまれていた。そこでシャーフツベリはこの不安をたくみに利用し、ヨーク公を王位につけさせないことを法律によってきめてしまおうと、排斥法という法律を提案し、議会はこの法案をめぐって大荒れに荒れた。ロックが帰ってきたのはこういう情勢のなかだったのである。

ふたたび亡命の旅へ

排斥法という形でうまく世論をとらえたシャーフツベリは、逆に国王を追いつめ、ふたたび大法官の地位へもどることができた。そしてロックもまたシャーフツベリの邸宅へもどり、フランス旅行のまえよりもいっそうはげしい政争の渦のなかへまきこまれてしまうのである。ロックはこのことをあまり喜ばず、このころある友人への手紙では、「どこか遠い国へ逃げだしてしまいたい」と書いている。学者肌のロックにはこのはげしい争いはたえきれなかったのであろう。

しかしシャーフツベリはたたかいの手をやすめない。七九年の末にまた大法官の地位を追われながらも、シャーフツベリは反対運動を指導し、翌年秋にはついに排斥法案は下院を通過するにいたった。上院はこの法案を否決したが、下院がこの法案を成立させたことは、国王と真正面から対立する決意をかためたことを意味する。チャールズもついに反撃にうつった。国王の大権を発動して下院を解散、そしてまったく異例のことであるが、ロンドンをはなれてオックスフォードに議会を召集した。これは一六四〇年代の革命中にも一度おこなわれたやり方で、国王のがわからの挑戦を意味していた。

最後の土壇場《どたんば》で排斥法をひっくりかえされたシャーフツベリは、作戦をかえて、ヨーク公以外に王位をつぐものを見つけだし、ヨーク公に対抗させようとくわだてた。その対抗候補者としてえらばれたのが、チャールズの私生児モンマス公である。しかしこの作戦は失敗だった。ヨーク公には反対という人びとにも素姓《すじょう》のいかがわしいモンマス公には賛成できない人が多かったからである。ロックはシャーフツベリの指示によって、おもにシャーフツベリ派の人びとの連絡にあたっていたが、モンマス公を支持することにはやはりあまり賛成ではなかった。シャーフツベリ派の人びとのなかでも、モンマス公よりはチャールズの姉の子であるオランダのオレンジ公ウィリアムをイギリスの王位につけようと考える人びとがあり、八二年の夏、シャーフツベリが計画した国王とヨーク公誘拐《ゆうかい》計画は、仲間われのため失敗に終わってしまった。このころは、ロックの身辺にまで政府のスパイがついてまわっていたくらいだから、シャーフツベリはもちろんきわめて危険な立場にあった。計画の失敗をさとったシャーフツベリは、身の危険を感じ、この年の一一月、変装してひそかに亡命し、翌一六八三年一月、アムステルダムで寂しく病没した。

シャーフツベリの亡命後、ロックの身辺もますます危険となった。シャーフツベリの計画をうけついで八三年六月、ふたたびくわだてられた国王殺害計画はふたたび失敗に終わり、これに加わったものだけでなく、無関係のものまでが、大弾圧をうけて死刑となった。ロックはこの計画には無関係であったけれども、シャーフツベリとのこれまでの関係を考えれば、けっして安全とはいいえない立場にあった。こうしてロックも、この年の秋、ひそかに祖国を脱出し、オランダへ亡命するのである。

名誉革命

祖国の行方《ゆくえ》を思えばロックの心は暗かったに違いない。愛する人の面影も胸にやきついていたことであろう。さらにイギリス政府の追及の手は亡命先のオランダにまでのび、アムステルダムとユトレヒトで、ロックは隠家《かくれが》に住み、変名をつかって暮らさなければならなかった。

しかしそれにもかかわらず、ロックにとってこの亡命生活はそれほど苦しいものではなかった。なによりもオランダは、当時のヨーロッパのなかでは、もっとも自由の空気のみちているところであり、多くの友人たちがよろこんでロックを保護してくれたばかりでなく、アムステルダム市会も、そしてのちにはオランダ国民議会も、はっきりとイギリス政府の追及を拒否してくれたからである。自由のあるところに学問は栄える。自由の国オランダはまた学問の都でもあった。ロックはふたたび学問の世界にもどることができたことをよろこび、おもにオランダの自由主義神学者との交友をふかめることができた。一時ロックはこのままアムステルダムに永住しようという決意さえ固めたという。

イギリスでは一六八五年チャールズ二世が死に、国民の大きな不安をよそにヨーク公が王位についてジェームズ二世となった。モンマス公は兵をひきいてこれに手向《てむ》かったが国民の支持は少なく、簡単に鎮圧《ちんあつ》されてしまい、そのあとに反動の嵐が吹きあれていた。三〇年あまりまえ、国王を死刑して共和制をつくりあげたあの革命はまったく忘れさられたかのように、ふたたび絶対王政が復活したようであった。四〇年もまえに書かれたロバート＝フィルマーの『パトリアーカ』という書物が出版され、国王はアダムの直系の子孫であり、その権利は神聖不可侵であるという学説がとなえられていた。

しかし国民は黙ってこの絶対王政の復活をみていたわけではない。これは押しとどめなければならぬ、しかし三〇年まえのような、ああいう内乱はもうこりごりだ、革命をやらずにこれをとどめるうまい方法はないのか、多くの国民はそう考えていた。いちばんよい方法は、じっと我慢してジェームズが死ぬのを待つことであった。幸いなことにこの国王にもあとつぎはいない。ジェームズが死ねばオレンジ公でもだれでも、国民が望むままの人を国王につれてくることができる。そう期待している多くの国民にとって、困ったニュースが伝わってきた。ジェームズに子どもが生まれたというのである。嘘だろう、どこかから赤ん坊をつれてきたのではないか、と疑った人もあった。しかし多くの人びとはもはや決断をかため、行動すべきときがきたと感じた。オレンジ公へ正式の招請状がだされ、これにこたえて一六八八年一〇月、オレンジ公は四〇〇隻の船をひきいてイギリスへ向かった。モンマス公の反乱のときと違って、国民はこぞってこれを歓迎し、ジェームズの側近さえ、いや、かれの最愛の娘のアンさえいなくなってしまった。ジェームズはこれとたたかうことをあきらめ、話しあいすら拒否され、ひそかに逃げださなければならなかった。いわゆる「名誉革命」とよばれている事件がこれである。オランダにいたロックはモンマス公の敗北ののち、すすんでオレンジ公に接近し、イギリスとの連絡にあたっていた。だから思いがけなく、ロックは名誉革命の陰の演出者のような役割をはたすことになったのである。しかしかれはオレンジ公には同行しなかったが、名誉革命の成功をみてオランダに永住する決心をひるがえし、八九年二月、オレンジ公夫人メアリとともにイギリスへ向かった。もう二度とふたたび祖国をはなれることはないだろうと思いながら。

はなやかな晩年

公職と著作活動

五年以上にわたる亡命を終えて帰国したロックは、急にいそがしくなった。新しい国王をはじめ政府の有力者にロックの知りあいが多く、なんとかしてロックを政界へひっぱりだそうとしたためである。ロックは健康上の理由をあげて極力これをことわり、控訴院局長というあまりいそがしくない仕事だけをひきうけたのだが、しかし正式の役職にはつかなくとも、新政府の政策についていろいろと相談をもちかけられることが多く、それだけでもかなり多忙であった。とくにロックの助言が重要だったのは、新政府の経済政策についてであって、経済界の混乱を救うために一六九六年におこなわれた貨幣の大改鋳はロックの意見にしたがったものである。そのほかロックはイングランド銀行の設立も援助し、またやはり九六年に通商植民局が復活したときにはとうとうその委員にひっぱりだされ、一年あまりのあいだであったけれども、新産業の育成や貿易の改善、植民地政策、あるいは貧民救済など、経済界のほとんどあらゆる問題について調査をしたり、意見をのべたりしている。

ちょっとつけ加えておくと、ロックが引力の法則で有名なアイザック＝ニュートンと知りあいになったのは、このころのことであった。当時、ニュートンは造幣局長をしており貨幣改鋳問題に関係してロックと知りあったのであるが、ニュートンも宗教や哲学の問題に大へん興味をもっており、ロックとよく議論をし、ロックが死ぬまで、おたがいに尊敬しあった親友となったのである。

ところでロックがいそがしかったのは、政府の仕事の手伝いだけのためではない。それよりもむしろ、このころからロックのたくさんの著作がつぎつぎに出版されはじめ、学界の注目をあつめるようになったためである。それまでロックは、フランス旅行とオランダ亡命と合計一〇年近い海外生活で、海外ではかなり有名になっていたが、本国では学者としてはそれほど知られてはいなかった。むしろ医者として、あるいはシャーフツベリの友人として名が知られていたのである。ところが亡命中にまとめあげた原稿が、一六九〇年の二月にまず『統治論』として、つづいて三月には『人間悟性論』として出版されると、ロックはたちまちイギリスの学界の中心人物となった。ロックは大へん用心ぶかい、どちらかといえば臆病な人だったので、こういう書物を出版するときにも名前をかくしていたが、それがロックの著書であることはすぐ知れわたり、活発な論争がおこったりした。哲学と政治のほか、ロックの著書は宗教・経済・教育にもおよんでいるが、それらの内容については「Ⅱロックの思想」でとりあつかうから、ここではふれないでおく。

おそすぎた恋

亡命から帰ってしばらくロックはロンドンに住んでいたが、もう六〇歳に近くなっていたロックはロンドンでの生活を好まなかった。とくに一六九〇年の秋に重い病気にかかったロックは、とうとうロンドンから逃げだすことをきめ、新しい住居をロンドンから二〇マイルほどはなれた

オーツでのロックの家

オーツという保養地にもとめた。そこにはロックのかつての恋人ダマリス＝カドワースがすでに結婚してマシャム夫人となって住んでいた。ロックは九一年の夏からこのマシャム邸に引っ越し、死ぬまでここで暮らすのである。

　ロックは一生独身をとおしたが、このダマリスと恋におちたことがあった。ダマリスは、ケンブリッジの哲学者レイフ＝カドワースの娘で、ロックよりも二六歳も年下である。ロックは父のカドワースと友人で、その家庭へもよく出入りしていたが、そのロックに憧れに似た愛情をまずいだきはじめたのはダマリスのほうであった。それは彼女が二二、三のころ、そしてロックはもう五〇歳に近いころであった。さすがにロックは、自分の娘ほども年の違うダマリスの愛をうけいれることをためらい、二人のあいだを友情だけにとどめるようにさとした。聡明なダマリスがその恋をようやく抑えたとき、ロックは友情をこえた愛をつよく感じはじめた。しかしダマリスは詩のなかに自分の心をつぎのようにうたって、ロックの愛にこたえただけであった。

　　クローラの瞳《ひとみ》の魅力は弱く

デーモンは行方《ゆくえ》も知れず飛び去る。
まことに、瞳の魅力は弱く
この日までかれは気づかず。
……
友情をなおたもちつつ
そのうえになにをもとむる
情熱のあまりにおそく、
……

ロックもこれにこたえて詩をよせている。

冷たい心に生きる望みも失い、
ただ友情に希望をつなぐ、
クローラ、いっておくれ、どうやって、
友情をつなぎ、恋を殺すのか、
言葉もなくふかい嘆きとともに

その胸に顔をうずめる。

五〇歳に近い哲学者の心に、こういう情熱がひそめられていたのである。このすれ違いの恋は、ロックの亡命によって終わりをつげた。いまロックは六〇歳に近く、学界の中心人物として名声をえていたが、すでに他人の妻となっていたかつての恋人の好意に甘えて、老後をその家にすごすこととなった。二人のあいだになお友情以上のものがあったかどうかは、だれにもわからないことである。

旅人よ、足をとめよ

生まれつきあまり丈夫でなかったロックは、何度か病《やまい》におかされながらも、身体に気をつけて、長命をたもつことができた。しかし、さすがに七〇歳をこえると、もうあまり余命のないことに自分でも気がついていた。一七〇三年の冬にも重い病気にかかったロックは、ようやくの思いで春を迎えると、死んだあとの整理にかかりはじめた。独身だったロックはその財産を、世話になったマシャム夫人の弟と、父の弟の子のピーター=キングにゆずることとした。一七〇四年の一〇月、ロックの病状はしだいに悪化し、一〇月二八日午後三時ごろ、ついに息をひきとった。病床にはマシャム夫人が最後までつきそい、聖書のなかの箴言《しんげん》の章をよみきかせていた。

几帳面《きちょうめん》なロックは自分の墓にきざむ碑文も自分でつくっておいた。そこにはこう書いてある。

「旅人よ、足をとめよ。この地に近く、ジョン=ロック眠る。かれがどういう人であったかと問われるなら、つつましい運命に満足していた人だと答えよう。学者として育てられ、ただ真理の追求に研究をささげた人である。このことはかれの著書から知られるであろう……。」

ロックの弟はかれより先に死んでいたので、ロックの家系はここで絶えてしまった。財産といっしょに、ロックはたくさんの原稿や手紙や本を、キングにゆずったが、これはキング家に代々うけつがれ、キング家がのちにラブレース伯爵という称号を与えられたところから、ラブレース－コレクションという名前でよばれるようになった。このコレクションは長いあいだ公開されなかったが、第二次世界大戦のあと、オックスフォード大学のボドリ図書館というところがこれを買いいれ、ロックが死んでからじつに二五〇年近くもたってから、ようやく一般に公開されるようになったのである。いままでロックについての研究は、かれが書いて出版した書物だけにたよっていたのであるが、このコレクションが公開されたおかげで、たとえばダマリスとの恋のようなことまで、わかるようになった。だからロックについての研究は、いまからほんとうにはじまるといってもよいのである。

Ⅱ　ロックの思想

ロックは、民主政治の父としばしばいわれているが、近代民主主義思想の最初の大成者でもあった。事実、かれは、たんに政治論だけではなく、経済・哲学・宗教・教育などの広範《こうはん》な分野において、すぐれた民主主義的な思想を展開しているのである。そこで、かれの思想をほんとうに理解するためには、これらすべての問題について考察してみる必要がある。「Ⅱロックの思想」において、かれの政治・経済・哲学・宗教・教育思想を取り上げたのもそのためである。

ロックの政治思想

『統治論』(政府二論)の近代性

近代民主政治といえば、ただちに、ロックの『統治論』(Two Treatises of Government, 1690) が思い浮かべられるほど、この著作の近代政治思想史上における意義は大きい。『統治論』の近代的意義は大きくいって次の二点に要約できよう。

第一の点は、政治や統治の目的、また人間が政府を設けた理由は、人間の生命・自由・財産の保障にあることを理論化した点である。これは、こんにちの基本的人権思想の原理を定式化したものといえよう。

第二の点は、政治において、真の意味での「法の支配」(Rule of Law) が実現されるためには、多数の人びとが政治に参加できる議会政治によらなければならないことを理論化したことである。これは、こんにちの民主的な政治制度の原理（代議政治・権力分立主義）を定式化したものといえよう。

フランス革命期の「人権宣言」のなかで、「その憲法が近代憲法といわれるためには、人権の保障と民主的な政治機構がそのなかで保障されていなければならない」（一六条）という意味のことがのべられているが、そうであれば、ロックの『統治論』は、近代憲法の基本原理を最初に明確に示したものといえるであろう。かれが近代民主政治の父といわれるのも、実にこのためなのである。

ロックの思想とかれ以前の思想との関係

ところで、いかにロックが天才であったとしても、このようなかれの政治理論は、かれ一人の頭のなかでだけ考えだされたものではない。まず、ロックの政治論を生みだした思想的基盤は、「Iロックの時代と生涯」でものべられているように、なによりも、ピューリタン革命から名誉革命にいたるイギリス市民革命を抜きにしては考えることができないのである。フランス革命の前夜にルソーが、資本主義の矛盾が顕在化《けんざいか》してくる一九世紀なかごろにマルクスやエンゲルスが、また、ロシア革命の時期にレーニンが現われたように、偉大な思想家は必ず偉大な時代に出現するものなのである。世界史上、最初の近代社会を切り開いた

人権宣言

ルソー

一七世紀イギリスにおいてこそ、最初の民主主義思想の先駆者ロックが生まれえたのである。その意味で、われわれは、ロックの政治思想を考えるばあい、イギリス革命の思想的前提となった革命前のイギリスの伝統的な政治思想や、革命期に出現し、それを直接的に推進したさまざまな新しい政治思想を知っておかなければならない。そのことによって、はじめて、われわれは、ロックがそのような思想をどのように受けつぎ、それらの思想をどのように発展させ集大成したかも知ることができるのである。

　さて、一七世紀ヨーロッパの主要諸国をみわたしてみると、市民階級の勝利によって、議会政治が確立され、絶対君主による専制政治に終止符がうたれたのは、イギリスただ一国であった。フランスやスペインでは、ほぼ同じ時期に、強大な絶対君主による専制支配の基礎が確立され、ドイツやその他の国々では封建諸侯が群立し、統一国家のていさいすらとれていないありさまであった。このように、イギリスが他の国々よりも一世紀も二世紀も早い時期に近代的な統一的民族国家を形成しえたのはなぜだろうか。そのことは、なによりもまずイギリスにおける資本主義の早期的発展に求められなければならない――この点については、「ロックの経済論」を参照のこと――が、それと同時に、マグナ＝カルタ（一二一五年）以来の、専制権力を嫌悪《けんお》し、そのような支配に頑強に抵抗し続けてきたイギリス伝統の政治思想を無視することができないのである。ロックの政治思想も、長期的にみれば、これらの伝統的な政治思想の延長線上にあるものといえるであろう。そこで、まず、われわれは、革命前のイギリス政治思想を概観してみよう。

ブラクトンの思想

一二・三世紀のヨーロッパでは、「法の支配」という考えが一般的であったといわれている。イギリスでも、ヘンリー三世時代の裁判官ブラクトン（Henry de Bracton, ?～1268）が、「国王といえども、神の法や国の法に従わなければならない」とのべている。マグナ-カルタにおいて、国王は、国の法にもとづかずに、勝手に臣下を投獄したり逮捕《たいほ》してはならない、という要求がだされているのは、まさに、この「法の支配」の精神にもとづくものといえよう。このような法優位の考え方は、やがてイギリス封建社会のなかで徐々に形成されていった各裁判所の判決例である、普通法（コモン-ロー）にもとづいて国王は支配すべきである、という思想に発展していったのである。ここで、結論的にいっておくと、一三世紀から一七世紀の四世紀間にイギリスでは、ますます、この「法の支配」という考えが強化されていったのにたいして、フランスその他の国々では、国王によって、この

ジョン王の「マグナーカルタ」署名

ヒトラー

「法の支配」という考えが消滅させられていった過程とみることができ、そのことが、一七世紀におけるイギリスと他の国々との近代化・民主化の過程の差異となって現われたということができよう。

国王が法に違反すればどうするか

ところで、法というものは、もしも、それをふみにじる専制支配者《タイラント》が現われるならば、まことに無力なものである。われわれは、歴史上、ヒトラーや日本の官僚・軍閥のように、国の法律をふみにじって暴政を行なった多くの例を知っている。イギリスにおいても、ジョン王やチャールズ一世、ジェームズ二世の諸王の統治がその好例であろう。そこで、「法の支配」を真に実現するためには国王が法を無視して悪政を行なうのを防ぐために、法以外のなんらかの別の保障が必要であろう。そのような保障として考案されたのが、実は、われわれのよく知っている議会制度だったのである。だから、「法の支配」による政治と議会制度の確立とは、きってもきれない関係にあったといえよう。そのことは、一七世紀の市民革命前までにイギリスでは、議会制度がますます整備されてきたのにたいし、フランスでは、議会(三部会)が国王権力のまえにすっかり無力化され、専制支配が確立されたことを思い起こしてみれば十分であろう。

しかし、国王による法の違反にたいして、平和的な圧力を加える議会は、一挙《いっきょ》にでき上がったものではない。マグナ－カルタの時代には、こんにちの議会のような明確な制度はなく、せいぜい、貴族や高位聖職者からなる一般評議会（こんにちの議会の前身）が、国王の相談にあずかっていたにすぎなかった。そこでこの時代には、マグナ－カルタの一節にもあるように、もしも国王が法に違反すれば、それをやめるまで、貴族や僧侶が国王にたいして圧力を加えてよい、と考えられていたのであった。つまり、当時は、国王が法による支配を行なわないときには、また、法によって国王の違法な行為を抑《おさ》えきれないときには、貴族や僧侶が実力を行使して国王に対抗する以外なかったのである。さきほどのべたマグナ－カルタの一節は、そのことを表明したものであるが、ともかくそれは、専制支配にたいしては、いかなる手段を用いてでもチェックするという、権力抑制のイギリス的伝統を最初に明確な形で示したものとして重要なものなのである。マグナ－カルタが、一七世紀の国王と議会の抗争期において、イギリス国民の自由の守護神として、議会側の有力な理論的武器となりえたのは、このような歴史的背景のなかで考えられなければならないのである。

議会の地位の強化

ところで、時代がだんだん下って一四・五世紀になると、イギリスでは、議会とくに下院の地位が、しだいに拡大強化されてきた。そのことは、たとえば、一五世紀ごろまでに、議会が国王とともに立法権を分有しはじめたこと、課税の問題については、国王は議会と相談すべし、という慣行が確立されていたことから推測できよう。近代議会への発展過程は、国王のもつ立法権や課税権を、議会がしだいに奪いとる過程として考えることができる。そのことは、いっさいの立法権と課税や予算など財政に関する権限をもつこんにちの日本の国会と、天皇の立法の仕事を協賛するにすぎず、また、勅令による財政上の緊急処分が認められていた明治憲法時代の帝国議会と、どちらが民主的な議会であるかを考えてみれば明瞭《めいりょう》であろう。ともあれ、イギリスにおいて、このように議会の地位が強化されてきたことは、従来の貴族や僧侶による専制権力にたいする力の抵抗に代わって、議会が、恒常的にかつ平和裡に、国王権力の専制化を防ぐ有力な機関として、重要な地位を占めはじめたことを意味してきたのである。このような変化のなかで、従来のコモン－ロー（普通法）による国王権力のチェック、つまり「コモン－ローの優位」という考えは、いまや、議会によって制定される法（制定法）の優位という考え方に変化し、議会が、国王の専制支配を抑制するトリデ（要塞）と考えられるようになってきたのである。

国王の大権

しかし、そうはいっても、われわれは、当時のイギリス議会を過大評価してはならない。当時は、議会の召集・解散権は国王の重要な大権（議会と相談しないでも、国王の自由な意志できめることのできる権限）の一つと考えられ、その意味で、議会は、みずからの自治的権限によって運営されていなかった。それに、当時は、現代の各国議会のように、毎年しかも一年の半分近くも議会が開かれていたわけではなく、五年に一ぺんとか一〇年に一ぺんぐらいしか開かれなかった。フランス革命前に、フランスでは、一七五年間も三部会が開かれなかったことはあまりにも有名であろう。

絶対君主は、もしもたいした問題がなければ、なるべく議会を開くことを避けた。専制支配者や独裁者は、必ず国民の意志の代表者である議会を開くことをきらうものである。明治憲法時代に、議会の会期が短く(三か月)、また、政府と議会の意見が対立して調整がつかなくなると、いつでも勅令によって議会の活動を停止させ(停会)、臨時会の召集は勅令によるものとしたのは、そのあらわれであり、ヒトラーがナチス独裁政権を獲得するやまっさきに行なったのは、議会の活動を停止させることにあったことは、その好例であろう。

ともかく、当時は、イギリスに限らず、他の国々においても、日常の政治は、国王とそれをとりまく少数の顧問官たちの集団＝顧問会議（King's Council）によって行なわれた大権支配であった。議会が立法部として、国の最重要な機関としての地位を真に確立したのは、名誉革命後のことであり、そのような議会の地位を明確にえがきだしたのが、わがロックだったことは、のちにのべる。

国王の議会観、議会の国王観

これまでみてきたように、イギリスでは、他の国々にくらべて、議会の地位は、しだいに拡大強化されてきていたから、イギリスの諸王は、フランスやスペインの国王たちと異なって、ともかく、議会の地位に尊敬を払っていた。かの強大な専制君主ヘンリー八世ですら「イギリスの国王は、議会が開かれているときには、そこに出席して臣民と共に国事について相談すると

エリザベス女王

きに、国王の権威は最大なものとなる」という意味の言葉をのべているのである。ヘンリー八世にしろ、エリザベス女王にしろ、なるべく議会と共同していく立場をとっていた。そこで、テューダー朝時代のイギリスにおいては、フランスのように、国王に絶対権力があり、国王は国の唯一の主権者である、といったような明確な君主主権論的考え方はなかったといえよう。当時の政治家や法律家たちは、イギリスの政治は「国王と議会が共同して行なうものだ」「国王と議会との意見が異なったときには、イギリスの法によって調節できる」と考えていたし、また、国王がその大権によって政治を行なうさいにも、原則的には法や議会によって制限をうける、とさえのべたのであった。だから、イギリスでは、ベーコン（Francis Bacon, 1561~1626）のような忠実な王党派ですら、国王には法を無視できる無制限な絶対権力があるとは決していわなかったのである。そのことは同時に、議会の側にあっても、主権は議会にあるという考え方をいまだもっていなかったことを意味する。このような考え方は、のちにのべるようにピューリタン革命の勃発によって、はじめて、国王側や議会側によって明確に主張されてくるのである。

両者のあいだに、いろいろな意見の衝突があったけれども、ともかく、イギリスでは、国王と議会によって政治が行なわれるという考え方が、当時の政治の世界に参加して上層の人びとの支配的な意見であったといえよう。しかし、このような楽天的な調和観も、一七世紀にはいり、ステュアートの諸王が、フランス国王と同じく国王主権論を主張しはじめるや、イギリスにおいてはだれが主権者か、をめぐって、国王と議会のあいだでその対立・抗争が明確になってくる。その解決は、結局、イギリスの二つの革命を経過して、ロック的な国会主権論（King in Parliament）という形で定着するのだが、このような主張を獲得するためでさえ、イギリスでは、一七世紀全体をおおう激烈な闘争と流血の惨事《さんじ》を必要としたのであった。

一七世紀前半の憲法論争

国王と議会の対立は、エリザベスの死後、スコットランドからきたジェームズ一世がイギリスの王位についてから（一六〇三年）、まもなく激化した。国王は、これまでのべてきたような、イギリス人特有の伝統的政治思想になれていなかった。そのため、自分がスコットランド国王であったときと同じ気持ちで、イギリスを支配しようとし、神権説をふりまわして、国王は神から権力を授かった代理人であるから、その権力は絶対であり、「自由な王政」とは、世襲の国王が議会や法の拘束《こうそく》を受けないで、自分の思いどおりに政治を行なえる政治体制で、かつ最良の政治形態であるとのべたりした。しかし、このような考え方は、当時の王党派にすら一般的に受け入れられない思想であった。バークリーやその他の王党派の理論家たちですら、悪王にたいしては抵抗してもよい、とのべているほどであったからである。

そこで、ジェームズもその子のチャールズも、フランスのボダン（J. Bodin, 1530～96）のとなえたような国王絶対主権論をふりかざすわけにはいかないので、自己のもっている「大権」の範囲を拡大しようとつとめるのである。なぜなら、大権とは、議会と相談しないでも、国王が自由に判断し行使できる権限であるから、この範囲をできる限り拡大すれば、事実上、フランス国王と同じような絶対主権者の地位を獲得できることになるからである。大権には、軍事権、官吏任免権、宣戦講和の権、議会の召集・解散権、貨幣鋳造権、緊急のさいに課税できる権限などがあったが、とくに、ステュアートの諸王は、しだいに窮迫しつつあった王室財政を補うために、可能な限りこの大権の拡大をはかった。さきほどものべたように、本来、イギリスにおいては、課税については、国王は議会の同意をえてきめるのが原則であった。しかし、ステュアートの諸王は、国の危急のさいには国王は議会と相談しなくとも金銭を徴収できる、という大権を用いて、補助金や強制公債などを国民に課し、国民の反感を買った。そして、かれらは、反対をとなえる者がいると、国王の大権裁判所に連れだして、裁判上の争いにし、自己に有利な判決をえることによって、そのような不当な課税は合法的であり、「法の支配」に反するものではない、と主張したのであった。

「権利の請願」の意義

「権利の請願」(一六二八年)は、そのような国王専制化への危険性を防止し、それに警告を発したものといえよう。「権利の請願」の要旨は、課税については必ず議会と相談すること、国の法によらないでみだりに逮捕・監禁・投獄してはならないことを国王に要求したものであった。ここで注意すべきことは、マグナ－カルタは、貴族や僧侶が中心になってつくったため、その要求は、特権階級のための特権の拡大という性格が強かったのにたいし、「権利の請願」では、起草者であるコモン－ロー学者、エドワード＝コーク（Edward Coke, 1552〜1634）をはじめ、請願の提出を推進したのは、下院のメンバーであったという点である。そのことは、もしも、以後、国王がふたたび「権利の請願」の条項に違反したときには、地主・商人・資本家層などを中心に、断固《だんこ》たる抵抗がなされるであろうということを意味していた。事実、国王が、請願の精神をふたたびふみにじったとき、一六四二年以後、ピューリタン革命が起こり、イギリス全土は、その根底からゆり動かされることになったのである。

革命の導火線、船舶税事件　チャールズ一世は、表面的には、「権利の請願」を承認したものの、それ以後、一六四〇年四月に議会（三週間で解散させられたので短期議会という）を開くまでの約一一年間にわたって、専制支配の確立をはかったのであった。その方策の一つに、有名な船舶税の徴収があった。船舶税というのは、古くは、海岸の諸都市に対し、船舶建造のため課せられていた税金であったが、一六三四年にこれが復活され、翌年からは全国に適用されることになったのである。ところが、この船舶税課税については、それを不当であるとして、各地でごうごうたる反対がまき起こり、ついに、一六三七年には、ジョン＝ハムデンの支払拒否事件が起こり、その紛争は、裁判にもちこまれ、裁判の成り行きに全国民の関心が集まったのである。これが世にいうシップ－マネー－ケース（船舶税事件）であり、その裁判が国王側に有利に判決されたことが、革命の導火線となったのである。

この裁判において、裁判長バークリは、「国王は、国民全体の利益をはかるために、かれが外国からの侵略の危機を感じたときにはいつでも、議会と相談することなく課税できる大権をもっており、今回のばあいも、この大権にもとづいた措置《そち》であるから、船舶税は違法ではない」と、国王側の勝訴を宣告した。国が外敵の危険にさらされているかどうかの判定はきわめてむずかしい問題であろう。本来、そのような危機の判定とそのために必要な戦費の決定は、議会において相談されるのが最良の方法であろう。しかし、判決でいうように、国王が、国家にとって緊急かつ重大な危険が迫っていると判断さえすればいつでも課税できるということが合法化されるならば、以後、国王は、このような口実のもとに、かれの思い通りに国民に課税することが可能となるであろう。なぜなら、かれは、判断さえすればよいのだから。これはまことに重大なことであった。議会側が、積年の国王による大権支配と対決のほぞを固めたのは、実に、このシップ－マネー－ケースの敗北を契機にしたものと考えてよいであろう。

ピューリタン革命の勃発

一六三九年一二月に、国王は、スコットランドとの対戦に必要な戦費を調達するために、どうしても議会を開かざるをえなくなり、議会の召集を公示し、翌年四月十一日から議会が開かれた。この好機を議会がのがすはずはなかった。議会側は、戦費を承認するまえに、まずこれまでの不当な大権支配のかずかずが矯正《きょうせい》されるべきだと主張したが、国王側は、戦費の承認が先決だと主張し、両者の対立が激化したためわずか三週間でその議会は解散された。しかし、解散をさせてはみたものの、やはり、議会の同意をえなくては、十分な戦費の調達は不可能であったから、国王は、ふたたび一六四〇年九月に、新しい議会の召集と選挙の告示を行ない、一一月三日に議会が開会された。この議会は、形式的には、一六六〇年の王政復古期まで続いたため、世に、長期議会とよばれた。

議会が開かれると、上院も下院も、満場一致で、これまでの国王の不当な大権支配に反対し、「法の支配」を回復《かいふく》するためにさまざまな要求をだした。たとえば、船舶税・トン税・ポンド税など不当な課税の廃止、専制支配を推進した大権裁判所・星室庁の廃止、国王が召集しなくても三年目ごとに自動的に議会が集会を開けるようにした三年議会法などがそれであった。

チャールズは、このような議会全体の要求を認めざるをえず議会に譲歩した。ここにイギリスの政治は、ふたたび伝統的な国王大権と議会の特権の調和という古き良き時代の政治体制にもどった。議会内王党派はこの事態をみて満足し、それ以上の改革をのぞまなかった。しかし、ハムデンやピムのような急進派にとっては、これで問題が解決されたとは決して思えなかった。国王が依然として強大な大権をもっている限り、不当な大権支配が二度とふたたび実現されないという保障はなんらなかったからである。そこで、急進派は、これまでの国王の罪状を列挙した「大抗議文」をだして(一六四一年一一月)、国民に訴えてその支持をえることによって、国王大権の支柱である軍事権と官吏任命権を国王から奪おうとした。しかし、この二つの大権が議会側に奪われるならば、国王大権は事実上、骨抜きとなり、これまで、イギリスにおける主権者の地位を確立せんと努力してきた国王の企図は水泡《すいほう》に帰してしまうであろう。国王が、「大抗議文」の承認を拒否したのは当然のことであった。やがて、一六四二年の夏以後、両者のあいだに武力闘争が勃発し、四〇年には満場一致で不当な大権支配に反対し、「法の支配」を回復した議会も真《まっ》二つに分裂し、王政復古までの約二〇年間、イギリスは、革命のるつぼのなかに投げ込まれたのであった。

革命期の政治思想の課題

革命の勃発は、イギリスにおける政治思想にとっても重大な変更をよぎなくさせた。なぜなら、これまでのように、イギリスの政治は、国王の大権と議会の特権によってうまく行なわれる、また、国王と議会のあいだで意見の対立が生じるならば、法によってうまく調節できる、という伝統的な政治思想が、革命の勃発という事実をまえにして崩壊してしまったからである。そこで、革命期の政治思想の課題は、次の二つに要約できよう。

(1) まず第一に、それは、イギリスにおける主権者はだれであるかを明確にする必要があった。革命前のイギリスでは、必ずしもこの点は明確でなかった。それは、国王大権と議会特権の調和というあいまいな形のままに残され、そのことが、たえず紛争の種となっていた。だから、武力闘争が開始されるとただちに、国王主権論や議会主権論が、両派のあいだから主張されてきたのである。

(2) 次に、従来のように、法が国王と議会の間を調節できるというだけでは、両者の紛争を解決できず、それどころか、国王の不当な大権の拡大を抑制できないことが明らかとなった以上、なんらかの民主的な制度を確立するための理論化が必要となってきた。

この二つの課題を、一七世紀イギリスの政治状況のなかで、最終的かつ体系的にまとめあげるのが、のちにのべるロックなのである。ロックの政治思想にはいるまえに、かれの思想にとって重要な影響を与えたと思われるピューリタン革命期の二人の偉大な政治思想家、トマス＝ホッブズ（Thomas Hobbes, 1588～1679）とジェイムズ＝ハリントン（James Harrington, 1611～77）の政治論について簡単にのべておこう。ホッブズはとくに、主権の問題について、ハリントンはとくに民主的な政治制度の問題について、はじめて、原理的・包括的に理論化した思想家だったのである。

ホッブズの政治論

(1)自然状態・自然権・自然法

ホッブズ

革命がはじまると、国王の側からも、議会の側からも、さまざまな国王主権論や議会主権論がだされた。ファーンとかディグズとかいう人は、国王が国の最高位者であり、国の主権者であることを主張し、議会は、国王の諮問《しもん》機関にすぎないとのべた。他方、中立派のハントンは、国の主権は、国王と上院・下院からなる議会にある——ロックはこの考えをさらに精密化したのだが——とのべ、議会派の理論家ヘンリ＝パーカーは、主権は、上・下両院にあり、非常事態のさいには下院だけにあるとさえのべたのであった。しかし、これらの論者たちは、国王や議会につごうのよい例を、古来の先例や法のなかからひき

『リヴァイアサン』の
初版の口絵

だして、自己の立論の根拠としており、それだけで不十分なときは、聖書の言葉や歴史や自然法を用いて、自己の理論を補強していた。したがって、先例を用いて論争するかぎり、もともとイギリスでは、だれが主権者であるかがあいまいであったから、相手を徹底的に論破することはできない。先例によると、どちらにもつごうのよい解釈ができたからである。次に、これらの理論では、国王主権や議会主権という当面急務の主張だけがなされて、近代国家においては、なぜ主権が必要であるか、という主権論の根本問題が十分に展開されていない。

ホッブズは、これらの伝統的方法による議論とは、まったく異なった方法で主権論を展開し、その方法の斬新性《ざんしん》によって、かれは、近代主権論の典型を定式化しえたのであった。かれは、人間が、国家を設立した理由を主著『リヴァイアサン』（一六五一年）において大要次のようにのべている。昔、人間は、政府も国家もない、したがって法も秩序もない自然状態のもとにあった。この自然状態では、人間は、心身両面において平等であり、自分の生命を守る（自己保存）ためには、いかなる手段を用いてもよい――たとえば、人を殺してもよい――自然権をもっていた。自然状態においては、法も秩序もないのだから、ちょうど、アフリカの密林で、ライオンと虎が一匹の獲物をめぐって格闘し、相手をかみ殺しても別に「殺人罪」に問われないように、そこでは、正義とか犯罪とかいう問題は本来起こりえないわけである。

しかし、人間が自然の状態のままにあるならば、本来自己保存のために自然権が与えられていたのに、人は自然権をもっているためにかえって、それを行使して、いわゆる「万人の万人に対する闘争」「人の人にたいする狼」の状態が現出する。これでは、各人の自己保存は、危険にさらされてしまう。そこで人間は、自己保存のために平和を求めよという、人間に内在する理性の声＝これがかれのいう自然法である＝にしたがって、自分たちのもっている自然権を放棄して、相互に契約を結び（これが社会契約）、各人の代表者である主権者――それは、一人の人でも、意志統一の可能な少数者からなる集合体でもよい――を選んで国家生活にはいり、各人がかつて、それぞれのもつ自然権によって自己保存をはかっていた代わりに、主権者が定める法に従って、平和と自己保存を維持することになった、とホッブズはいうのである。

ホッブズの政治論

(2)社会契約と主権の絶対性

ところで、契約を結ぼう、というだけでは、これは空語にすぎず、契約はそれだけでは一片の紙にすぎないから、いつでもこれを破ることが可能である（マグナ-カルタや権利の請願の条項や精神が、しばしば破られたことを想起せよ）。そこで、ホッブズは、主権者には、絶対的な権力――その基礎は軍事権・官吏任免権・立法権――を与え、処罰という恐怖によって、人びとに契約を守らせよ、と主張する。また契約を結んだ人びとが、それに違反するのは、平和な社会をふたたび闘争状態にもどす自然法に反する行為であるから、主権者の命令＝法には、絶対服従せよ、と説いたのであった。

ホッブズは絶対君主や独裁者の擁護《ようご》者か

さてこのように、強大な主権の絶対性をとなえたために、ホッブズは、しばしば、絶対君主チャールズの擁護者であるとか、クロムウェル独裁にオベンチャラをいったとかいわれるが、かれは果たして、たんなる絶対君主の擁護者だったのだろうか。それは決してそうではない。そのことは、著書『リヴァイアサン』や『ビヒモス――ピューリタン革命史研究』（一六六八年）を深く読むとよくわかる。かれは、イギリスにおいて革命（かれは内乱《シヴィル・ウォー》ということばを使っているが）が起こったのは、革命前のイギリスでは、主権の所在があいまいであったからだと考えており――このことは、さきにのべた通りまったく正しかった――、そこで、一国においては、明確な主権がなければ、内乱が起こり、平和が乱れ、各人の自己保存は危機にひんすると考えていたのであった。だからこそホッブズは、あのように主権の絶対性を主張したものといえよう。そのさいかれは、だれが主権者であるべきかについてはなにものべていない。かれはただ、一国において主権者が必要だとのべているだけであって、その主権者が、チャールズであるか、クロムウェルであるか、あるいは、かれが『リヴァイアサン』を公刊した当時の事実上の主権者であった四〇～五〇名からなる残余議会であるかなどとは、なんらのべていない。事実、かれは『リヴァイアサン』の序文において、自分はただ抽象的に、主権の座についてのべる、といっているし、他の著書で、自分が『リヴァイアサン』を執筆していたときは、クロムウェルは、まだ、議会側の一将軍にすぎなかったとのべているのである。かれにとっては、だれが主権者であるかは、どうでもよかったのである。ただ一つの問題は、主権者が、かれをはじめその国民全体の生命を守ってくれるかどうかで、主権者へ忠誠を誓う、ということだったのである。国家への忠誠義務は、われわれの自由や平等を国家が保障してくれるかどうかにかかっているという考えは、ラスキの『国家』や『近代国家における自由』・『政治学入門』などにおいて強調され、近代的国家観の一つの定式と考えられているのだが、このような考え方は、ホッブズ、ロック、ルソー、ミルらによって発展させられたものなのである。ホッブズのこのきわめて合理主義的な、さらにいえばドライな考え方は、かれが革命の初期には議会派からの迫害を恐れてフランスに亡命し、一六五一年には、唯物論者のかどでフランスで迫害されたためイギリスに帰国し、クロムウェルに帰順を誓った行動をみてもはっきりするだろう。かれには、従前の支配者であった国王への情緒的な服従心はみられず、かれの忠誠・服従の基準は、自己保存によってのみはかられていたことは興味深い。

クロムウェル

自然法と市民法

したがってホッブズは、主権の絶対性をとなえたけれども、主権者たるものが、どんなことをしてもよいとは決していっていないのである。かれは各国の主権者の命令が各国の市民法であるとのべているが、この市民法は、自然法によって命令されていることに違反したものであれば、それは無効だとのべている。これはまさに、統治のためのルールである市民法が、万人に普遍的価値をもつ自然法的基準――人を殺してはいけない、平和を守れ、人のいやがることを他人にするななど――にもとづいて制定されなければならないことを主張しているのだから、かれの考え方も、やはり、イギリス伝統の「法の支配」の精神をうけついでいるものといってよいだろう。また、かれは、主権者が個人の生命を奪おうとするときには、それに抵抗してもよいし、国外に逃亡してもよいとのべ、各人は、自分の生命を奪われることまでは、契約したのではなく、その点については、各人の手に自然権の留保を認めているのである。このように考えると、かれの統治観は、法でさえあれば、たとえ悪法であっても守らなければならないというヒトラー時代や、戦前の日本の軍部独裁時代にみられた悪しき法万能主義とは似ても似つかないものなのである。

ホッブズの政治思想の意義

ともかく、ホッブズの政治思想の意義は、次のように要約できよう。(1)まず第一に、かれは、人間が政治社会や国家＝主権者を設けたのは、人間の生命を守るためのものだということを、自然状態→自然権→自然法→社会契約→国家設立という形で定式化したことである。人間は、身分や地位や特権や財産によってではなく、生まれながらの自然の権利によって、当然に政治的権利を有するという主張は、革命の推進力となった下層の都市職人・徒弟層や軍隊内下士・兵卒層の結成した政治党派、平等派《レヴェラーズ》によって主張されていたのは興味深い。ホッブズの政治論が、当時の王党派によって攻撃をうけたのは、実にかれが自然権や社会契約論を断固《だんこ》として主張したためであった。かれのこの定式は、のちのロック、ルソーの政治思想にうけつがれ、また、アメリカ独立宣言やフランス人権宣言の精神となり、こんにちの基本的人権思想の基礎原理となるであろう。(2)第二に注目すべきことは、国家や政府の設立は、あくまでも、個々の自由・平等な人びとの自発的同意によってのみ行なわれる、と主張した点である。この考えは、権力の基礎は神にあり、神の代理人である国王のみがそのような権力をもち、したがって、国民は、国王に絶対服従すべきだという神権説にまっこうから対立するものであろう。フィルマーが、ホッブズの絶対主権論を賞賛しながら、かれの権力の起源や基礎については反対しているのは無理もない。(3)最後に、ホッブズのこのような考え方は、世俗的な国家や社会に関しては、人間が主人公であることを意味したから、ローマの権力を近代国家のうえにおき、神のまえでの人間の無力性をとくキリスト教の教説とも矛盾するであろう。自然法は、かつては、人間の意志を超越した宇宙の法則であり、中世では、神の秩序の法と考えられていた。しかし、ホッブズにおいては、逆に自然法は人間の理性に内在するものと考えられ、人間が自然の法にもとづいて国家や社会を構築できるものとされたのであった。このような、人間による作為や構成という人間観の近代的転換や、宗教についての合理主義的考え方は、のちの「ロックの哲学思想」や「ロックの宗教思想」のなかでさらにくわしくのべられるであろう。

ホッブズ政治思想の残したもの

これまでのべたように、ホッブズの政治思想の近代政治思想史上に与えた影響はきわめて巨大なものであったが、かれの政治思想には重大な欠陥があった。かれは、主権は絶対でなければならないことを指摘し、主権者には、絶対権力を与えよとのべた。そして、主権者は、自然法によって個々人が結んだ社会契約の結果選ばれた全員の代表者であるから、本来、主権者と各成員のあいだに利益の矛盾はありえないという大前提にたっている。しかしながら、権力というものは、たとえそれがすぐれた個人や集団によって行使されるものであっても、たえず腐敗し濫用される危険性をはらんでいることは、歴史の示す通りである。現に革命前のイギリスにおいても、法による権力の抑制だけでは不当な大権支配の濫用を阻止できなかったではないか。したがって、自然法や国の法を主権者に遵守《じゅんしゅ》させるためのなんらかの制度的保障——たとえば議会のような——が絶対に必要であろう。ホッブズは、これらについては、ついにのべることがなかった。この問題の解明は、次にのべるハリントンやロックにまたなければならなかった。次に、それと関連してホッブズは、主権が必要であることはのべたが、一七世紀のイギリスにおいて、だれが、またいかなる階級が主権者であるべきかについてもなんらのべていない。この問題についても、われわれは、次のロックの政治思想にまでまたなければならない。だが、そのまえに、ホッブズと同じくロックの政治思想を考えるさいに無視することのできないハリントンの政治思想について簡単にのべておこう。

ハリントンの政治思想法の支配

ハリントンの『オシアナ』は、一六五六年に出版された。かれの著作は、『リヴァイアサン』と同じく、当時のイギリス人のあいだでひじょうな注目を浴びた。ハリントンは、イギリスきっての名門の出身で、かれもホッブズと同じように、革命の初期には中立的立場をとっていたが、クロムウェルが国王を処刑してコモンウェルス（共和国）をつくると、ホッブズが自己保存のために消極的にそれを支持したのとちがって、新しい体制を積極的に支持した。そのため、かれの著作は、クロムウェルの死後（一六五八年）、王政復古の方向へ逆もどりしようとする状況のなかで、反動化を防ぐための有力な理論的武器となった。かれは、近代イギリスにおいて、民主政治＝デモクラシーが、王政や貴族政よりもすぐれた政治制度であることを論証し、「法の支配」が貫徹できるような政治制度を構築しようとしたおそらく最初の人だったと思われる。

ハリントン

ハリントンの民主政治観

ハリントンは、そのことを次のように説明する。政治形態には、王政・貴族政・民主政の三つの政治形態がある。そして、全国の土地が一人の人によって所有されているときには王政がよく、四分の三以上を少数の人びとが所有しているときには貴族政がよい。しかし、土地の四分の三以上を国民が分有しているときには民主政がよい、という。このように、土地所有関係（下部

マキァベリ

構造）と政治機構（上部構造）とは、照応関係がある。ところで、人間社会はたえず変動し続けるものであって、これまで、国王が一人でもっていた土地が、数世紀のあいだに国民がその大半を所有することになり、しかも、政治形態は、依然として、王政や貴族政のままであるばあいもある。最近のオシアナ（イギリスのこと）は、その例である。このように、政治形態と土地所有関係の照応関係がアンバランスになると必ず内乱が起こるのである。だから、イギリスの内乱は、ハリントンによれば、決して、一人の国王が悪かったというような問題ではなくて、歴史的必然性をもっていたのである。そのため、かれは、革命は、「所有権の闘い」であったという。このように、政治の問題を所有や財産の問題に関連させて考える方法は、アリストテレスやマキァベリの政治論の影響をうけたものと考えられるが、この方法は、のちにのべるように、ロック政治思想の中心的命題となるであろう。また、上部構造と下部構造の関係から政治的変動をダイナミックに捉《とら》える方法は、いまだきわめて幼稚ではあるが、のちのマルクス主義の先駆的方法といえよう。それはともかくとして、ハリントンは、上部構造と下部構造が矛盾したときには、いずれか一方の側を他方の側に合わせる必要があるが、われわれが洋服を作るばあいに、からだを洋服に合わせるのではなく、洋服をからだに合わせるように、政治形態を土地所有の形態に合わせるほうが容易であろう。ここから、かれは、イギリスの政治形態は、今後、民主政治でなければならない、と断言するのである。

ハリントンの政治機構論

ハリントンは、いまのべたような民主政治観にもとづいて、民主的な政治機構論を展開する。その主眼は、「法の支配」が貫徹されるような政治形態なのである。かれは、架空の国オシアナ―実は当時のイングランド――全土を、一五〇の区に分けて、それぞれの区から、議決だけする会議体と、審議し提案するだけの会議体――この二つの会議体に主権がある――のメンバーをくじ引によって選ばせる。身分・財産・地位によって当時の議会のメンバーは選出されていたことを思えば、このことがいかに画期的であったかがわかるであろう。ところで、かれが二つの会議体の機能を議決と審議というように明確に分けたのには、かれの人間観や制度観が深く関係している。かれは、人間に、提案し議決する権限を二つ同時に与えると危険だと考えている。たとえば、ここに二人の少女がいるとしよう。一人の少女がケーキを切り、さらにそのケーキをも選択することが認められれば、かの女は、必ずしも公平に切るとはかぎらない。しかし、もしも、一人の少女が切り、他の少女が選ぶとすれば、ケーキを切る方の少女は、できる限り公平にケーキを切るであろう。したがって、ハリントンの考え方には、人間というものは、制度やルールをはっきり定めておけば、権力の濫用は防げるものだ、という考えが横たわっていたといえよう。だからかれは、官職についてもくじ（バロット）できめ、かつ、二年か三年で交替（ローテーション）することを主張しているのである。ここにかれの、民主的制度の重視、明確な権力分立の主張がなされた理由があったといえる。アメリカ独立の父、ジェファーソンが、かれの『オシアナ』を熟読したことは、建国後のアメリカにおける厳格な権力分立制の実施と決して無関係ではなかったのである。そして、このような、制度によって人間の行動を拘束していくという考えは、たんに国王や統治者の良心や道徳的自己抑制による政治という考えにくらべて、近代的な考え方の特徴の一つなのである。ホッブズとちがって、政治機構論を展開したロックは、このハリントン的考え方をうけついだものといえよう。

ところで、いくらりっぱな政治機構論を構築しても、下部構造が変動すれば、ふたたび内乱の危機に陥《おちい》るであろう。そこで、ハリントンは、当時の土地所有関係を定着させるために、いわゆる土地法（Agrarian Law）の制度を提唱し、それによって、一方では、極端に大きな土地を所有するものの出現を防ぎ、他方では、中産ヨーマン層の輩出という現状を維持しようとする。そうすれば、イギリスの政治体制は安定できるとかれは考えたのであろう。しかし、その後のイギリス経済の発展は、ハリントンが希望したのとはちがって、ヨーマン層の両極分解を生みだし、近代資本主義への確立への道をまっしぐらに進んでいく。したがって、この点は「ロックの経済思想」でのべられるように、ハリントンにくらべてロックのほうが経済の問題についてはより正確に捉《とら》えていたといえよう。

ハリントンの政治思想の意義

ハリントンの政治思想の意義は、まず第一に、イギリスの今後の政治形態は、民主政治でなければならないことを論証した点にある。クロムウェルでさえ、当時の人びとへの王政にたいする愛着に抗しきれず、なんらかの王政的な政治形態を必要と考え、五六年以後、プロテクトレート（護民官政治）制を採用した。ハリントンは、個人に権力を集中するいっさいの形の政治形態――チャールズであれクロムウェルであれ――に反対し、権力の分立を主張し、それは、ロックの政治思想に正しくうけつがれたのであった。次に、かれは、政治における制度やルールの重要性を強調し、そのためのモデルを展開した。かれの制度論は、ロックやモンテスキューの先駆的意義をもつものであった。しかし、当時の大半のイギリス人にとっては、王もいない、伝統的議会もないオシアナ共和国のモデルは、したしみにくいものであった。伝統的な政治思想や政治制度を尊重しつつ、ピューリタン革命の新しい現実とその理論を巧みに接合して、名誉革命体制を理論化した思想家こそ、わがジョン＝ロックだったのである。

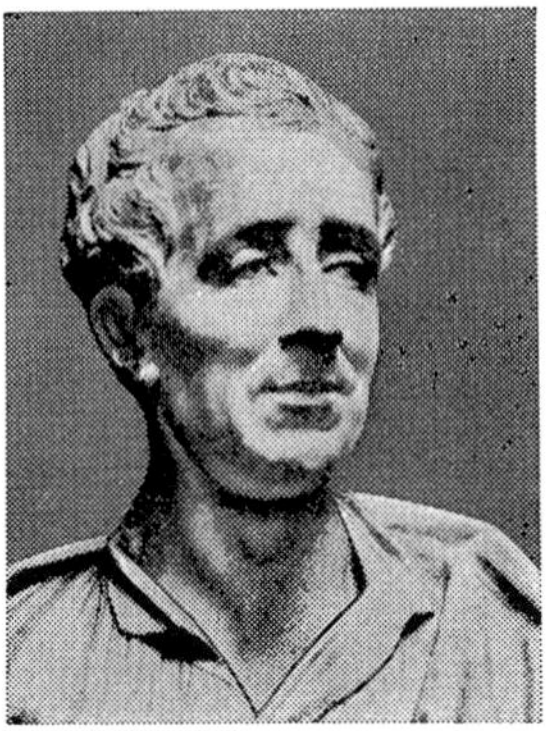
モンテスキュー

ロック政治論の課題

「I　ロックの時代と生涯」においてのべられているように、名誉革命は、議会のウィッグ・トーリー両党の主導の下に、無血のうちに断行された。かれらは、この名誉革命体制を定着させるために、新しいイギリス国王、オレンジ公ウィリアム(ウィリアム三世)とその妃メアリに「権利の章典」（Bill of Rights, 1689）を承認させた。「権利の章典」は、国王の大権支配に大幅な拘束を加え、ジェームズ二世のような絶対君主がふたたび出現しないようなさまざまな条項を規定していた。しかし、たとえジェームズが悪王であったとしても、またその革命が無血のうちに行なわれたとはいえ、やはり、臣下がそれまでの合法的な国王を追放したことには変わりはなかった。国の内部には、旧来の君主に愛着を感じている人びとも数多くいた。そこで、議会のこのような行動を合法的なものであるとして人びとに示し、名誉革命後の新しい政治体制を擁護《ようご》する理論が必要であった。ロックの『統治論』は、まさに、このような課題にたいして答えたものであった。

ロック『統治論』の構成

ロックの『統治論』は、二部から構成されている。第一部は、神権説論者ロバート＝フィルマー（Robert Filmer, 1588〜1653）の家父長制論を批判したものであり、第二部は、名誉革命後の新しいイギリス政治体制の全体像を明らかにしたものであった。第一論文において、ロックが、フィルマーを批判の対象にしたのは、かれの神権説が、国王の至上権に関するもっとも反動的な擁護論であったからであり、またそのために、かれの著作が王政復古期にしばしば出版されていたからである。かれの理論を徹底的に論破することは、イギリスにおける国王専制擁護論を根絶することを意味した。第二論文で注目されることは、かれもまたホッブズと同じく、人間が政府を作る目的を、その生命・自由・財産の擁護に求め、そのような政治社会の設立の方法を、自然法的社会契約論から導きだしている点にあった。自然権とか近代的自然法理論とかは、ピューリタン革命期に、議会派とくにそのもっとも革命的な平等派たちによって、はじめて、イギリス政治思想の視野にはいってきたものであった。身分も地位も財産もなかった平等派は「天賦《てんぷ》の人権」という理由だけによって敢然と選挙権の拡大を要求し、近代におけるもっとも進んだ最初の民主主義者となったのである。したがって、この自然権理論は、王党派はもちろんのこと、クロムウェルのような人にとっても嫌悪され恐怖されたものであった。もちろん、ロックの自然法思想は、平等派が用いたものとは内容的にきわめて異なるし、かれは、臣下による国王追放という新しい事態の発生を弁明するためには、伝統的な政治思想では十分説明できないので、自然法的説明方法を採用したものと思われるが、にもかかわらず、われわれは、このことのうちに、ピューリタン革命の強い足跡を感じないわけにはいかないのである。次に、ロックの『統治論』では、立法部＝議会の地位を最高権力として認めた。議会がイギリスの最重要な政治機関であることは、ピューリタン革命の一時期に認められはしたが、その後、クロムウェル独裁の出現、王政復古のために、そのことは制度的にも理論的にも十分に確立されなかった。しかし、名誉革命は、議会の地位を国の最重要な機関とした。ロックの『統治論』が、議会を最高権力をもつものと規定したのは、まことに当然なことであった。

そこで、次に、われわれは、ロックの政治論について、もう少しくわしく考察することにしよう。

フィルマーとの対決

ロックは、かれの民主的な政治思想を展開するために、『統治論』第一部において、フィルマーの聖書を典拠とした「家父長制《パトリアーカ》」論を粉砕しなければならなかった。一七世紀当時においては、聖書の権威はいまだ人びとのあいだでは絶大なものであり、フィルマーは、聖書の言葉を用いて、かれの理論を展開していたから、ロックもまた同じ聖書の言葉を用いてこれに応戦した。ロックは、宗教の問題を論ずるさいにもそうであるが、一つは聖書によって、もう一つは理性によって相手を論破する方法をしばしば用いている。ここにわれわれは、いまだ宗教的影響力の強かった一七世紀に生きた、そしてそのなかで合理主義的思考方法をとった近代人ロックの姿をみるのである。それはともかくとして、ロックの論敵であることによって、現代にまでその名をとどめることになったフィルマーとは、いったい、どういう人物だったのであろうか。

フィルマーの生い立ちとその著作

フィルマーは、ホッブズと同じく、一五八八年に生まれ、革命派が優位を保っていた一六五三年に死亡している。かれは、ケントの三つのマナーと、多くの土地財産の相続人であったから、典型的なジェントリ層に属し、かれはまた、ケンブリッジ大学に学び、若いころには、ケントのジェントリ社会のサークルで、法律家や歴史家たちと交友関係を保ち、さまざまなテーマについて、友人たちと論議したり文通したりしていたという。そして、一六一一年には、「利子をとることは合法的かどうか」という問題について論文を書いている。かれの主著『パトリアーカ』は、まえにのべたシップ・マネー論争に刺激されて書かれたものだといわれている。そしてそれは、別に出版されたわけではなく手稿のままで、王党派のあいだでまわし読みされ評判を博したといわれている。かれは、この論文で、国王にたいする臣下の服従義務を論理化したが、ここで興味深いのは、かれはその論証を、もっぱら聖書にもとづいて行なった点である。これまでしばしばのべたように、革命前の伝統的な法と制度観では、国王に主権があるのか議会に主権があるのかは明確でなかった。ホッブズが、主権の絶対性を論証するために、伝統的な思考方法をやめて、人間の自己保存や自然権→自然法→社会契約というまったく新しい方法をとったように、国王の至上権と君主主権論を展開するためには、フィルマーも、伝統的方法をやめて、聖書の言葉から、それを試みる以外なかったのであろう。フィルマーの政治論が、王政復古期に、王党側のもっとも強力な理論的武器としてしばしば出版された意味もここにある。

さて、かれは革命初期には、積極的に王党派として闘うことはなかったが、王党派だったために、そのマナーは荒らされ重い税金をかけられ、一六四三年には投獄(四五年に釈放)さえされている。そして四八年から五三年にかけて、議会や軍隊を批判する論文や、国王は法や議会の制限をうけるというハントンの政治論や、人間の自己保存から国家の設立をとくホッブズの政治論（かれは四〇年にのちの『リヴァイアサン』の骨子となる法学綱要を、四二年には市民論を書いていた）を批判したり、クロムウェル政権の理論的支持者であった革命詩人ジョン＝ミルトン（John Milton, 1608〜74）の政治論を批判したりしている。だから、ロックも『統治論』第一部においては、主著『パトリアーカ』のほかに、これらの種々の論文も引用して、フィルマーの政治論に挑戦しているのである。

ミルトン

『パトリアーカ』の内容とロックの批判

フィルマーの経歴については、これくらいにして、次にわれわれは、『パトリアーカ』の内容を概観しロックの批判をみてみよう。フィルマーは、『パトリアーカ』の序文で大要次のようにのべている。

「人間は、本来あらゆる従属から自由であり、またそのように生まれた。そこで、いかなる統治形態を選ぶかは人間の好むままであり、ある人が他の人びとにたいしてもっている権力は、最初は人権によって与えられたものだという教説が、最近数百年間に学者や聖職者たちによってのべられている。そして、これらの説は、スコラ哲学者や改革教会の人びとに歓迎されているし、王党派の理論家ですら、人類の自然的自由と平等という点では、自明の原理としている。わたくしの狙《ねら》いは、権利はだれによって与えられたか、自由はだれによって与えられたか、を論証することにある」

と。

そのため、フィルマーは、聖書の言葉を用いて、現在の各国君主のもつ支配権は、神が最初アダムに与えたもので、神はアダムに、その妻（エバ）や子どもや、いっさいの万物を絶対的に支配することを認め、この権力は、アダムの直系の子孫である族長《パトリアーク》から各国君主へと代々うけつがれてきたものだという。フィルマーは、人間が生まれながら親に隷属しており自由ではないことから、人間は生まれつき自由ではないとして、人間は、全人類の最初の父であるアダム、その直系の子孫である各国臣民の父である国王へ絶対的に服従すべきであるという。

ロックは、このような、アダムが神から父の権威を与えられて、全人類や万物を絶対的に支配し、その意味で、人間はすべて、アダムやその直系の子孫である君主にたいしては奴隷状態にあり、人間の自由は、君主の恩寵によるものだ、という論にたいして、同じく聖書の言葉を用いながら、そのようなことは聖書のどこにも書かれていないし、またそれは、理性にも反すると一蹴《いっしゅう》している。

たとえば、ロックはフィルマーが、「アダムの権威」「父の権威」を、十誡のなかの「汝の父をうやまえ」という言葉から説明しているのにたいし、アダムの主権については、聖書のどこにもその証明はないと反論する。また、かれは、フィルマーが、「汝（エバ）は夫（アダム）をしたい、かれは汝を治めん」という聖書の言葉から、父の妻や子にたいする絶対権力をひきだしてくるのにたいして、父の子にたいする支配権は母と共有であるという。このほか、ロックは、さまざまな聖書の言葉を引用しながら、アダムがすべての者にたいして生殺の権をもち、絶対的に無制限な主権を主張する権力をもたないことを明らかにする。そして、もしも、そのことが明白であれば、人間は、「天賦の自由」を与えられているという。すなわち、ロックは、神は、人間と世界をつくり、人間の理性と分別に訴えて、自己の生存に有益なものを選んで使うように導き、自己保存の手段を与えたという。では、人間は、なぜ、こんにち、各国でみられるような政治社会を設け、立法部の制定する法に服従するようになったのだろうか。これこそ、ロック『統治論』における第二論文のテーマだったのである。

政治権力と父の権力のちがい

ロックは、第二論文「政治社会の真の起源、限界および目的に関する論文」の序章において、地上の現在の支配者たちは、その権力のみなもとを、アダムの私的支配権や父権からえたものではないこと、また行政者＝君主がその臣下にたいしてもっている権力は、子の父、妻の夫、奴隷の主人にたいする権力とはちがうとのべて、フィルマーの奇妙な学説を批判している。ロックによれば、政治権力とは、財産の調整と保存のために死刑以下のあらゆる刑罰を含む法律をつくり、こういう法律を施行しまた外敵から国家を守るために共同体の力を用いる権利であり、しかもこういうことを、公共の善＝利益のためにのみ行なう権利だというのである。では、このような政治権力はいかにして発生したのであろうか。以下、かれのいう政治社会の真の起源とそれがつくられた目的について考察しよう。

政治社会の起源(1)自然状態

ロックもホッブズと同じように自然状態を想定する。ロックによると、自然状態とは各人が自然法＝理性の法（理性は他人の生命・自由・所有物を傷つけるべきでないことを教えている）の範囲内でその行動を律し、みずから適当と思うままに、その所有物と身体を処置できるような完全な自由の状態であり、そこでは、だれもが同じように平等の権力をもっているのである。そして、ホッブズと異なり、ロックの自然状態では、各人が自然の法＝理性の法にしたがって生活しているから、本来戦争状態ではなく、平和で牧歌的な状態にあるのである。ロックによれば、戦争状態とは、他人をその絶対権力の支配下におこうと企て、相手の生命を奪おうとするばあいをさし、これは、自然状態においてもまったく起こりえないことはないが、人間が政治社会にはいってからのちでも、たとえば、絶対君主による専制政治はまさにこの戦争状態なのである。

絶対君主の支配を戦争状態としてとらえるロックの言葉のなかに、われわれは、ロックの頑強な反専制的態度を読みとることができるであろう。

政治社会の起源(2)所有権

それはともかくとして、ロックの自然状態にあっては、神は、人びとに、自己保存のために食物やその他のものを利用するような共有物として与えたのである。では、このように神が共有物として与えたものを、どうして各人はいく分かずつ所有物とするようになったのか。ロックは、そのような私有財産の発生を、各人の身体による労働に求めている。この点の経済思想史上における意義は、次の「ロックの経済思想」でくわしくのべられると思うが、ロックによると、たとえば、ある人が樫《かし》の木のドングリを採取し、森の中でリンゴをもぎとったとき、つまり、労働をしたとき、それらはその人のものになり、また、土地を耕したとき、その土地はその人のものになる、というのである。では、人は、好きなだけ、ドングリや果実を採取し、土地を獲得してもよいのか。これにたいしては、ロックは、われわれが自己保存のために食物その他のものを利用することを認めたあの自然法＝理性の法が、同時に、所有権の限界を定めている、という。その限界とは、ロックによれば、それらの採取は、それらがいたんでしまわないうちに生活に有効に利用しうる限りにおいて（いたませたり、くさらせたりするのは神の御心に反する）なのである。自然状態においては、人口は少なく、土地は広大で自然の産物は無限であったから、そこでは、食物や土地を求めることは神の御心にかなうものであり、したがって戦争状態になることもなく、きわめて平和な状態だった、というわけである。ではどうして人びとは、そのような平和な自然状態を脱して、共通の権力に服する社会生活にはいったのだろうか。この点についてロックは、次のように論をすすめる。

政治社会の起源(3)貨幣の発明

すなわち、それは、貨幣が発明され、それに価値をおく人びとの暗黙の協定のためにもっと大きな財産とそれへの権利が、自然状態にもち込まれたためだ、とロックはいう。貨幣はくさらないし、いくらでも蓄積できる。そしてくさらなければ、それは自然法に反しないのだから、人間は仕事に精だし、いくら貨幣を蓄積してもよいわけである。また人びとには、勤勉の程度に差があるから、やがて人びとの財産にはさまざまな程度の差が生じ、こうして、貨幣の発明は、この程度の差を拡大する機会を与えた、とロックはいう。ここにわれわれは、資本主義形成期のイギリスを念頭に入れていたロックの姿を読みとることができよう。こうして、人びとのあいだに財産の差が生じてくると、他人の所有権を侵害する者がでてくるが、自然状態においては、それを処罰する共通の権力がないために、さまざまな不便が生じてきた。そこで人間は、自然状態において自然法にもとづき自由に行動していた権利を放棄して、一つの政治社会に結合し、かれらのあいだの争いを決し、犯罪を処罰する権威をもった共通の確固たる法と裁判所に訴えることができるように、相互に市民社会にはいったのである、とロックはいう。

政治社会の起源と目的

だから、人びとがその自然的自由を放棄して、市民社会の拘束をうけるようになる唯一の方法は、快適・安全・平和な生活の保障、財産の安全に関して、社会外の人びとよりも大きな安全性をもつために、他の人びとといっしょになって一つの共同体に結集しようと協定することだけである。そして、こうしてつくられた政治社会においては多数者の意志（多数決）がその共同体を動かすのである。

だから、人間が政治社会をつくった目的は、すべての人びとの自由と所有をよりよく守るためだ、ということなのである。

さて、このように政治社会の起源を、各人の自由と財産と生命の保護のための、また各人の自発的同意に求める、という考え方は、政治権力の基礎は国家のすべての成員にある、とする国民主権論の原型をなすものであろう。こうして、ロックの政治思想は、すべての権力の基礎をアダムの権力に求め、人間は生まれながらに不自由で、奴隷であったとして、そこから各国君主の専制支配の正統性を導出してくるフィルマー的神権説を粉砕してしまったのである。ところで、ロックは、政治社会設立の理由を、ホッブズのようにたんに自己保存に求めることなく、自己保存のために必要な財貨の獲得に結びつけて論証した。このことによってロックの政治思想は、名誉革命によって新しく支配層に加わった財産所有者（ジェントリと新興ブルジョアジー）の政治支配を正当化しえたのであった。ロックは、言葉の正しい意味において、近代市民国家の代弁者だったのである。

ロックの政治機構論(1)立法部

さて、ロックは、政治社会の起源を、各人の生命・自由・財産の保護という点に求めたのち、それらが十分に保障されるための民主的な政治機構論を展開する。その意味では、ロックは、政治機構論を無視したホッブズと異なり、ハリントンの忠実な後継者であった。ロックは、政治社会＝国家の主要な統治機関として、立法権・行政権・連合権（戦争・講和・同盟・条約などを協定するいわば外交に関する権限）をあげ、行政権と連合権は君主に属せしめている。そして、この三権のうち、ロックは人びとがその生命・所有の安全をはかる手段は法によるから、立法権が国家において最高権力をもつという。ここでロックのいう立法部とは、国王・上院・下院からなる議会をさしているわけだが、ピューリタン革命前には、議会とは別に国王権力があり、議会は最高権力をもつとは考えられていなかったし、革命という非常事態のなかで、一時期、ハントンやパーカーのような思想家や革命派によって議会の最高権力性がとなえられたが、この考え方は、王政復古とともにふたたび後退した。しかし、名誉革命の成功によって、国王は以後議会を無視して政治を行なうことはもはや事実上不可能となった。こうして、イギリスでは「君臨すれども統治せず」、「議会あっての国王」(King in Parliament) という状況が生ずる。この **King in Parliament** という言葉が、国会主権とも訳されるのは、まさにそのような状況を表現したものといえよう。だから、この時期以後、議会がイギリスにおける事実上の最高権力と考えられるようになったのであり、ロックの政治思想は、そのような状況を忠実に反映したものといえよう。われわれは、一六四〇年から九〇年にいたる約半世紀間におけるイギリス政治体制と政治思想の質的変化を、このロックの言葉のなかから読みとることができるのである。

ロックの政治機構論
(2)行政権・連合権

ところで、ロックの時代には、いまだ国王は行政権と連合（外交）権をもち、その権力は依然として強大であった。このような権限は、一八世紀後半から一九世紀にかけて議院内閣制が確立され、内閣が国王に代わって行政権を行使し、かつその行使の責任を議会に負うという政治的慣行が形成されて、はじめて、議会の統制の下におかれるのである。だから、ロックも、この行政・連合権を国王に与えている。しかし、ここで注目すべきことは、これらの行政・連合権は、立法権にたいして補足的・従属的なものと規定している点である。国王のもつ行政権が議会に従属するという考え方はピューリタン革命前の伝統的な政治思想にはまったくみられないものであった。それだけではない。ロックは、国王がその臣下にたいし服従を要求できるのは、法を執行することを委託された公人としてのみであり、その限りでかれは、国家の象徴・影・代表として、法によってあらわされた社会の意志によって行動するものとみなされるのである、ともいう。つまり、国王は、ロックによれば法による以外には意志も権力ももっていない制限君主なのである。この考え方こそ、中世以来、イギリス国民が追及してやまなかった「法の支配」観念による政治支配の理論的原理ではなかったか。

以上のべたように、ロックは、立法権と行政権を議会と国王に分離しつつ、立法部の行政部にたいする優位を主張することによって、近代政治機構論＝権力分立論・議院内閣制への道をきり開いたのである。

専制支配にたいする抑制、抵抗権・革命権

さて、ロック政治論の民主的性格は、かれが専制支配にたいして、抵抗権や革命権を明確にうちだしていることによって、ますます強められている。

かれは、政治社会において専制支配や暴政が行なわれないように、立法部に最高権力性をもたせ、立法権と行政権（君主がもつ）を分離させるという制度的な配慮を行なった。またかれは、立法部や行政部が国民を抑圧しないように、これらの政治機関に、基本的自然法＝社会の保存を守ることを要求している。にもかかわらず、権力というものは、絶えず専制化への志向をもち、国民の生命・自由・財産を侵害しやすいものである。このようなばあい、ロックは、権力の抑制についてどのように考えていたか。かれは、こういうさいに、まず、国民は法の枠内（合法的に）で抵抗すること（抵抗権）を認め、さらに専制支配が、人間が政治社会に結集した目的を全面的に破壊するにいたるほど極端に進んだときには、それに反乱を起こすこと（革命権）を認めているのである。

かれは、不当な国王の命令については、国王自体は法によって神聖とされ、いかなることを命令してもそれ自体問題にされることはないが（国王は悪をなしえず）、しかし、国王の官吏の不当な行為については、法に訴えることによって救済を求め、またそのような命令に抵抗してもよい、という。国民は、官吏の命令に抵抗することによって、国王にその正しい政治を要求するわけである。このような抵抗権の思想こそ、ブラクトン以来の、国王も官吏も法に服すべきである、という「法の支配」の精神を再確認したものではないだろうか。これは、国王権力を神授のものとし、それにたいする絶対服従を説いたフィルマーの神権説とまっ

たく異質のものといえよう。

しかし、以上のような、日常不断に起こりうる不法な国家や政府の行為については、国民は抵抗権によって忍耐強くその是正をくり返し要求するとしても、立法部や行政権をもった国王が政治社会の構成自体を、解体させるような重大局面にいたったときはどうなるか。たとえば、国王が、その恣《しい》意的な意志によって、既存の法による支配を行なわず、また国家にとってもっとも重要な立法部を解体しようとするようなときには、それはもはや統治の解体を意味するであろう。このようなばあいには、国民は、国王にたいして反乱を起こしてもよい、とロックはいう。このような国民の行動は合法的君主にたいする反乱であって非合法だという人がいるだろう。これにたいして、ロックは叛乱者とは、市民的統治の目的を破壊する者なのだから、反乱者はむしろ国王のほうだ、という。この言葉は、明らかに、名誉革命を遂行した議会の立場を擁護したものといえよう。

ところで、政治社会設立の目的を破壊するような行為は、国民の意志を委託されそれを代表する立法部によってもなされる危険性がある。このばあいにも、国民はそれに反乱を起こして、新しい立法部をつくってもよい、とロックはいう。このような考え方は、統治の形態の最終的決定権は、国民にあるという国民主権主義の原型をなすものといえよう。国会と内閣の意見が対立して調整がつかなくなったとき、国会や内閣が悪政を行なったとき、解散によって、国民の意志を問い、新しい立法部や行政部を選出させるという近代民主主義国家における政治方式は、このようなロックの政治原理を具体化したものだし、司法部による立法部の抑制（違憲法審査権）もロック的権力抑制の一形式といえよう。また、社会主義革命の道はかれの革命権原理を徹底させたものといえないでもない。

ロック政治論の残したもの

以上のべてきたように、ロックは、政治権力の基礎を、自由・平等な個々人の自発的な同意に求め、また、民主的な「法の支配」を実現する保障として、立法権の最高権力性と、立法部と行政部の権力分立を説いた。また、国家権力が専制化するときには、それに抵抗し、最後のギリギリの手段としては反乱を起こすことさえ是認した。こうして、ロックは、一方では、ピューリタン革命期に出現した新しい政治理論（ホッブズなどの自然権→自然法→社会契約）を用いながら、他方では、イギリス伝統の国王・上院・下院からなる議会を近代化して（国王の行政権を抑制する性格の強化、ハリントン的政治機構論の重視）、名誉革命後のイギリス政治体制の理論的・制度的原型を体系化したのであった。

しかし、名誉革命体制期においては、国民のすべてが選挙権をもっていたわけではなく、成年男子のせいぜい七分の一程度しか選挙権をもっていなかったといわれる。ロックは名誉革命を擁護《ようご》するために、自由・平等な個々人の同意によって政治社会が設立されることをのべたが、ここでいわれている自由・平等な個々人とは、当時、政治の世界に参加できた人びと（有産者）だけをさしていたことは容易に推測できよう。

だから、政治権力の基礎は自由・平等な個々人の同意にあるというロック政治理論の原理が、真に実現されるためには、イギリスでは、その後約二〇〇年間の年月を要した（男女平等の普通選挙が実現されたのは一九二八年)。それは、一八世紀末のペイン、プリーストリの小市民的急進主義者の運動やチャーチスト運動のなかで普通選挙がとなえられ、ベンサム・ミルらの選挙権の拡大の主張、労働者階級の出現と社会主義理論の普及によって、ようやく実現されるにいたったのである。

しかし、ロックが、二五〇年もまえに、その『統治論』において展開した統治に関する諸原理は、近代政治思想史上において、さんぜんと光り輝いているのである。

ロックの経済思想

ロックの時代の経済問題

経済学はふつうアダム＝スミスによってつくりだされたといわれている。スミスはロックより約一〇〇年ほどあとの人であるが、スミスが経済学をつくりだしたというのは、もちろん正しいのだけれども、スミスがどんなに天才であっても、なにもないところからとつぜん経済学の体系をつくりだしたわけではなく、スミス以前のいろいろな考え方をとりいれたり、批判したりしながら体系を生みだしたのであった。

スミス以前の経済思想をひとまとめにして、おおまかに重商主義思想とよんでいる。もちろん、重商主義のさらにそのまえにも経済思想がなかったわけではなく、たとえば中世の神学者も経済の問題を論じているし、もっとさかのぼれば、アリストテレスにも貨幣論がある。そう考えれば、経済思想は古代からあるといえるが、しかし古代や中世の経済思想は経済の問題をそれ独自なものと考えず、政治や法律や宗教との関係のなかで考えていた。たとえば、商売のなかでどのぐらい儲《もう》けることが神の意志にかなうか、というようなことが議論されていたのである。

ところが封建社会がくずれてくると、貿易が発展し、生産がひろがってゆくなかで、価格とか利子とか利潤とかいう経済の問題は、だんだん法律や教会の規則からはみだすようになってきて、どうしても経済の問題は経済の問題として独自にあつかわなければならないようになってきた。イギリスでは、そういう傾向はだいたい一六世紀の末ごろからあらわれてくる。もちろん、まだまだ古い考え方も残っていたし、あつかわれる問題も断片的で、理論的な体系などはまだなかったけれども、スミスの経済学へつながってゆく芽生えは一六世紀の末か一七世紀のはじめごろから、そろそろあらわれるといってよいだろう。ロックの経済思想もそういう芽のなかのひとつである。

　当時の経済論は、理論として考えられたものではなく、じっさいに目のまえにおこってきたいろいろな経済問題をどうするか、という実際的な必要から生まれてきたものであった。だから当時の経済思想を理解するためには、その当時どういう経済問題がおこっていたのかを知っておく必要があるだろう。簡単にいうとそれは次のようなものであった。まず第一に、いちばん大きな問題は貨幣の問題である。封建社会では農奴が働いて年貢《ねんぐ》をおさめるという関係がいちばん土台になっていたから、もちろん貨幣も使われ、商業も行なわれていたが、それは経済生活全体の中心となるものではなかった。ところがこういう封建社会がくずれてくると、人を使うのにも物を手に入れるのにも、新しく事業をおこすのにもすべて貨幣が必要となってきて、貨幣が不足するようになる。いまの世の中なら、紙幣や小切手や手形のような信用通貨がある

アダム=スミス

が、当時は銀行もなく、信用通貨はなかったから、貨幣といえば金や銀である。だから貨幣をどうやって手に入れ、ふやすかという問題は、金・銀・貴金属の問題なのであり、そしてイギリスのように金山や銀山のない国では、これを手に入れるには外国との貿易によるよる以外に方法はない。ここから第二の問題として外国貿易の問題が大きな関心をひくようになり、さらに第三の問題として、貨幣を貸したり借りたりするときの利子の問題が大きくとりあげられるようになったのである。のちにのべるように、ロックが主としてあつかったのもこういう問題であった。

しかし貨幣や外国貿易や利子の問題などをもっとつっこんで考えてゆくと、いちばんの根本にはどうしても生産の問題がでてくる。外国へ品物を売って金銀を手にいれるとしても、その品物をだれがどうやってつくるのかという問題が根本にあるし、品物を売るときの価格がどうやってきまるのかという、やや理論的な問題がそれにからみあっている。こういうことは直接の経済問題からは少しはずれるように見えるが、しかし直接の経済問題を解決しようとすれば、こういうもっと根本の問題について考えないわけにはいかない。ロックの議論もふかめてゆくとどうしてもそこにつきあたるのである。

利子率をめぐる論争

ロックがいちばん最初に関心をもったのは利子率の問題であった。それは当時、この問題をめぐって活発な論争がくりひろげられていたからである。

利子をめぐる論争は、はじめは、利子をとることがゆるされるかどうかという争いであった。他人にお金を貸すと、何か月かあとには元金のほかに何パーセントかの利子がついてもどってくるというのは、考えてみればおかしな話であって、自分の手もとにおいていれば何年たっても利子などはつかない。自分がもっているとお金は少しもふえないのに、困ってお金を借りにくる人の弱味につけこんで利子をとって元手《もとで》をふやすのは、汝の隣人を愛せよといったキリストの教えにそむくことではないか。こういう考え方から中世には利子をとることは禁止されていた。

ところが、困っている人に金を貸して利子をとるのは、たしかによくないが、金を借りたほうがそれを元手にして商売をして金儲けをしているのなら、その儲けの一部分は利子として支払うのがあたりまえではないか、という考えが、一六世紀ごろからでてくるようになる。ここにもやはり、資本主義経済がだんだん発達してきたことが反映しているのであって、資本主義の社会では、お金を借りるのは、生活に困るからではなく、商売の元手をふやすためなのである。このようにしてまず、利子をとることがよいことか悪いことかという論争がはじまった。この論争はイギリスではわりに早く片づき、一五四五年に利子をとることが正式にゆるされ、その率は最高で年に一〇パーセントと法律できめられるようになった。だからロックもこの問題については議論をせず、土地を借りた人が地代を払うのがあたりまえであるように、お金を借りた人が利子を払うのはあたりまえだと考えて議論をすすめている。

ロックの時代の論争はその次の段階のものであった。それは利子の率はどのぐらいがよいかという問題である。利子率はだんだん下がる傾向にあり、さきの一〇パーセントから、一六二四年には八パーセント、一六五二年には六パーセントと下がっていた。しかしこれは法律できめられた公定の利子率であって、じっさいにはヤミでこれ以上の利子をとるものも多く、また当時イギリスの競争相手であったオランダは、アムステルダムに銀行をもち、利子率を低くしていたので、イギリスの商人たちはこれを大へんうらやましがっていた。そこで利子率をもっと引き下げて四パーセントにしてほしいという要求が生まれてくる。この要求を代弁したのは、東インド会社の重役をしていたジョサイア＝チャイルドであって、一六六八年に出版された書物のなかで、チャイルドは利子率の引き下げこそ、イギリスの経済を繁栄させる鍵であると主張したのであった。いまでも、景気が悪くなると金利を引き下げ、金融を緩和し、お金を借りやすくするという政策がとられるが、チャイルドの主張はちょうどそういう金融緩和政策を要求したものとみてよいであろう。

こういう主張にたいしてはすぐ反論があらわれた。それはトマス＝マンリという人の「六パーセント利子率の検討」（一六六九年）という書物で、かれも決して利子率が下がることに反対しているのではないが、しかし利子率を下げれば経済が繁栄するというのは間違いであり、経済が繁栄すれば利子率はひとりでに下がるのだ、と主張している。つまり、マンリによるとチャイルドは原因と結果をとり違えているのであって、経済が不況のときに無理に利子率を下げると、利益よりもかえって弊害のほうが大きい、利子率を下げるよりもまず外国貿易の発展などにより、経済の回復をはかるべきだというのが、マンリの主張である。いまの言葉でいえば、金融緩和政策よりも生産の合理化による国際収支の改善がさきだ、ということであろう。

こうして論争の口火がきられたのであるが、チャイルドの主張を支持したのはニコラス＝バーボン、チャールズ＝ダヴナントであり、マンリを支持したのは、ウィリアム＝ペティ、そしてわがジョン＝ロックである。そこで利子率についてのロックの考えを、少しくわしくみてみよう。

ロックの利子論

ロックはチャイルドの書物がでたすぐあとで、これにたいする反論を書いたが、これは出版されなかった。ロックの利子論が出版されたのは、ずっとあとの話で、一六九二年になってからのことである。この書物には「利子を引き下げ、貨幣の価値を引き上げることの結果についての考察」という長い題がついており、さらにこの書物に対する批判にこたえて、一六九五年にもロックは二つの経済論の書物を出版しているが、内容的には一六九二年の書物のくりかえしに近い。

すでにのべたようにロックの考え方は基本的にはマンリと同じである。つまりロックがいいたいことは、利子率というものは法律で無理に下げるといろいろな弊害を生ずるのであって、そういう無理をしないでひとりでに下がるようにすることがたいせつだ、ということであった。利子というのは資本を使うばあいの使用料であって、その率は需要と供給の関係できまってゆく。商品が豊富であればその値段が下がるのと同じように、お金を貸したい人がたくさんいて、借り手が少なければ利子率はひとりでに下がるし、逆に借り手が多くて貸す人が少なければ、法律でどうきめようと利子率は上がるにちがいない。だから無理をしないで経済の自然の流れにまかせておくのがいちばんよい、とロックは考える。ここにロックの経済思想のひとつの大きな特徴がある。経済というものは、それ自体の動きをもつものであって、法律や規則でしばるのはかえってよくないという考え方がここにあらわれており、この考え方は、先にのべたように、中世の制度や思想を批判し、経済のしくみの独自性を主張したものといえよう。アダム＝スミスはこの考え方をいっそうおしすすめて、国家は経済のことにいっさい干渉するなという、いわゆる自由放任の主張をかかげたのであるが、ロックの考え方はこのスミスの主張につながるものをもっているのである。

しかしロックはスミスと同じではない。スミスのばあいには、イギリスの経済は外国と競争しても負けないという自信があるから、自由放任といっているのだが、ロックにはまだその自信はない。貨幣がふえるなら、利子率はひとりでに下がる、とロックは主張しているのだが、それでは貨幣はどうすればふえるのかといえば、ほっておいてもひとりでにうまくゆくとはロックには考えられなかったのである。そこでロックは貨幣をふやすためにはどうすればよいのか、という問題を考え、その解決をやはり外国貿易にもとめた。外国へたくさん品物を輸出し、輸入をあまりふやさないようにすれば、その差額は金や銀ではいってくる。だから貨幣をふやすためには輸出を伸ばすことがたいせつであり、そしてそのためには国民がもっとよく働き、あまり贅沢《ぜいたく》をしないようにすることが根本だ、とロックは考えている。外国貿易をひじょうに重視していること、そしてそのために、国民に節約と勤勉をよびかけていること、ここのところにロックの経済思想の第二番目の特徴があるといってよいであろう。外国貿易を重視している点では、ロックはチャイルドなどと似ているが、しかしチャイルドが貿易商人という立場から、商売をやりやすくするためになによりもまず利子率引き下げを要求したのにくらべれば、ロックはもっと根本的に生産そのものに目をむけた点がちがっている。とはいうものの、ロックは生産のしくみを問題にしたスミスともちがい、勤勉と節約をよびかけるにとどまったのであって、その点でロックは、当時としてやむをえないことだったとはいえ、経済学の立場からいえばひじょうな不十分さをもっていたといわなければならないのである。

ロックの根本的な考え方は以上のようなものであったが、利子率の問題についてロックの主張に関連して、もう少し注目しておきたい点がある。そのひとつは、貨幣が不足して利子率が高いという不満が多いのだが、貨幣はほんとうに不足しているのだろうか、というロックの疑問である。たしかに根本的には輸出を増して貨幣をふやすことがたいせつである。しかしこれとあわせて、貨幣がもっと平等に国内にゆきわたり、またもっとスムーズにまわるようにする必要はないだろうか。現状をみると、ロンドンにいる少数の金融業者が貨幣を独占していて、必要以上に利子率を上げており、また生産者と消費者とのあいだにたくさんの商人がはいりこんでいて、商品の動きをおそくし、したがって貨幣の動きをおそくしている。こういうことのために、貨幣の不足はじっさい以上に深刻になっているのではないか。とくにロンドンの金融業者の独占はひどいものなので、これを取りしまるためなら、法律によって利子率を下げることにも自分は賛成だ、とロックはいうのである。このように、金融業者や商人のやり方に反対し、農業や産業の生産者の利益を守ろうとするのがロックの立場なのであって、このことはかれの政治論や人間論を考えるばあいにも重要なことであろう。

もうひとつたいせつなことは、利子率が下がれば商人だけでなく地主も助かるというチャイルドらの主張に、ロックが反対していることである。ロックによれば、利子率が下がることによって利益をうけるのは、借金をしている地主、つまり経営の改良をせず、無駄使いをして遊んでいる地主なのであって、こういう時代おくれの地主を助けてやる必要はない。地主のなかでも一生懸命やっているものは、借金で苦しむということなどはないのだから、利子率の引き下げには関係はないとロックは主張している。ここにもロックの立場は大へんよくあらわれているといってよいであろう。地主についても、ロックは非生産的な地主に反対し、生産と経営の改良に熱心な地主の味方だったのである。

ロックの貨幣論

ところで貨幣の不足という問題を解決するには、外国貿易によって金銀をふやすという方法のほかに、もうひとつの方法がある。それは、貨幣を金銀そのものと考えずに、紙幣でもよいと考え、これを大量に発行するという方法である。貨幣は商品と商品とを交換するさいのなかだちになるものにすぎないのだから、必ずしも金や銀でなくてもよい。石でも貝ガラでも牛の皮でも、あるいは紙きれでも、要するにみなが信用してうけとるものであればよいのであって、事実、いまの世の中では、私たちは紙幣という紙きれを使っている。だれも金貨や銀貨をもち歩いたりはしていない。そしてもし紙きれでもよいということになれば、貨幣の不足をなげいている必要はない。紙幣をどんどん印刷して発行すれば貨幣不足はいっぺんに解消され、景気はよくなるであろう。こういう考え方と、それにもとづく具体的な提案が、一七世紀のなかごろからだされていた。

　こういう考え方は、ある面では正しいものをふくんでいるのだが、一面では重大な誤りをもふくんでいる。つまり、貨幣というものはそれ自体が役に立つものなのでなく、商品と交換できるからこそ役に立つのであって、そういう意味では貨幣はたしかになんでもよいのであるが、しかしだからといって、紙きれでいくらでも貨幣をつくれるというものではない。紙きれが貨幣として流通するためには、それを発行する政府や銀行の信用がたいせつであり、その信用の土台になっているのはやはり金や銀などである。とくに国際的な取引となると、国内だけで通用する紙幣では何の役にもたたず、金や銀が使われるのであって、これはいうまでもそうなのである。

　ロックは、これほどはっきりした形ではなかったが、貨幣のこういう性質をよくつかんでいた。すなわちロックは、貨幣それ自体が役に立つのではなく、ほんとうにたいせつなものは商品なのだと考え、貨幣の値打ちも商品の価値と同じように上下すると考えている。金や銀の価値は決して絶対的なものではなく、商品の価格が上がるということは貨幣の価値が下がるということであり、逆に商品価格が下がるということは貨幣価値が上がるということなのだという相対的な関係を、ロックは正しくとらえ、貨幣価値、あるいは同じことだが商品価格が上下するのは、貨幣や商品の量の多少によると考えた。このように、貨幣量の変動が価格の変動をひきおこすという考え方を、経済学の用語では貨幣数量説というが、ロックはこの貨幣数量説をとなえたもっとも初期の人の一人であって、この考えかたは、もっと複雑な形をとりながらではあるが、いまでもうけつがれている考え方である。しかしロックは、だからといって貨幣が金銀でなくてもよいとか、貨幣をふやすことが無意味だとか考えているのではない。ひとつの国のなかだけで考えれば、あるいはそういうふうにいえるかもしれないが、ロックによれば金銀を貨幣として使うようにきめたのはひとつの国だけのことではなく、世界中でそうきめたのだから、一国だけでこれを動かすことはできない、と考える。たんに貨幣量をふやすだけなら、それこそ紙きれでもよいのだが、貨幣が国際的に金銀とさだめられ、その価値も世界的にきまっている以上、イギリスだけが勝手にそれを動かせば、いろいろな弊害が生ずるだろう。だからロックは、一方では貨幣というものがそれ自体として価値をもたず、たんなる仲介手段にすぎないということをいいながら、やはり外国貿易によって金や銀という形の貨幣をふやすことがたいせつだと考えたのである。

理論的にいうとこういうロックの貨幣論にはいろいろ不十分さがある。とくに一国における貨幣量の変動が物価の水準にどのように影響し、そのことが輸出入の動きにどう影響し、そしてそれによって逆に貨幣量そのものにどういう変化が生ずるか、という分析はロックにはみられない。そこまで分析してゆくと、貿易によって金銀をふやすことの意味も、じつはあらためて検討しなおされる必要がでてくるのだが、ロックはそういう点に気づいていないようである。ロックがこのような貨幣論を考えたのは、まえの利子論と同じように、理論的な興味というよりもむしろ、当時の経済問題に関連しての実際的な必要からであった。そこで次に、ロックの貨幣論の背景となった具体的な問題についてみてみよう。

貨幣の改鋳問題とイングランド銀行の設立

ロックがひじょうに大きな関心をよせていた経済問題は、利子率の問題のほかにもうひとつ、貨幣の改鋳という問題があった。これは当時のイギリスで使われていた金貨や銀貨が、鋳造の技術が悪いために、人手をわたり歩いているうちにだんだん欠けてきたり、減ってきたりするものが多く、さらにこれにつけこんで、わざと金貨や銀貨のふちを削りとってしまうものさえ、あらわれるという状態であった。そのため、たとえばクラウン銀貨とよばれる銀貨は、ほんとうは五シリング分の銀をふくんでいるはずなのに、四シリングあるいはそれ以下の値打ちの銀しかふくんでいないというようなことが生じてくる。そのためにどういう弊害がおこるかといえば、減っていない銀貨をもっている人はこれを使わず、ひそかに溶かしてしまって地銀にして売ると二割ぐらい儲《もう》かることになり、あるいは銀貨のまま外国へ売ってしまう方が有利になるのである。「悪貨は良貨を駆逐する」という有名なグレシャムの法則というのがあるが、まさにそのとおりのことが、ロックの時代にはおこっていた。こうして貨幣はますます不足し、悪貨がますますはびこるという悪循環が生じていた。

こういう混乱をどう解決するか。その解決策のひとつは、ウィリアム＝ラウンズという人の提案であって、これは貨幣のなかにふくまれている金や銀の量は減っていても、いままでどおりの額面で流通させよ、ということであった。この提案の土台になっている考え方は、貨幣というものはその中身がどうであれ、信用によって流通するものであるから、たとえ四シリングの銀しかふくんでいなくても、五シリングというスタンプをおせば五シリングとして通用するということであり、これを極端におしすすめれば、中身は銀でなくても――たとえ紙きれでも――五シリングというスタンプをおせば五シリングとして通用するということになる。具体的にいうとこの提案は、現状では良貨と悪貨とがいっしょに出まわっていて混乱しているので、全部、悪貨の方へ足並みをそろえてしまえ、ということになるのである。政策としては、これは先の利子率引下げと同じように、金融緩和による不況克服というねらいをもつものといえる。

利子率の引き下げに反対したロックは、こういう貨幣改鋳案にも、とうぜん反対だった。ロックにいわせると、こういう提案は「貨幣の価値を引き上げる」といういい方をしているけれども、引き上げられるのは貨幣の額面だけであって、金銀であらわされる貨幣の中身――これをロックは内在価値といっている――はかえって引き下げられることになる。これでは、金貨や銀貨をひそかに削りとっている泥棒のようなやり方を、国家が認めることになり、それこそ、「正直者が損をする」ということになるではないか。貨幣はたしかに流通手段にすぎないのだけれども、その価値はスタンプによってきまるのではなく、やはり内在価値によってきまるのだから、削りとられたり減ったりした貨幣は、やはり価値が少なくなっているのだ。したがって、それは価値とおりに通用させるべきであり、たとえば四シリングの値打ちしかない銀貨は、五シリングというスタンプがついていても、新しい四シリングととりかえるべきである。これがロックの提案であって、先のラウンズの提案とは逆に、これは悪貨を良貨のほうへ足並みをそろえさせようということなのである。

貨幣改鋳をめぐる論争はしばらくつづいたが、ついにロックの提案がうけいれられ、一六九六年の貨幣大改鋳が行なわれた。そしてこの大改鋳によって、長いあいだ問題となっていた貨幣の混乱はおさまったのである。資本主義が発展するうえで、貨幣が統一されるということは、きわめて重要なことであるが、ロックはそのために巨大な役割をはたしたといってよい。

ついでにつけ加えておくと、「I　ロックの時代と生涯」でもちょっとふれておいたが、このときに新しい貨幣鋳造の技術を用いてこの大改鋳の仕事をしたのが、有名なニュートンであった。ロックの提案によって大改鋳がおこなわれても、技術が悪ければまた同じような悪貨があらわれることになる。だからロックの提案を助け、これを裏づけたのがニュートンの技術だといってよいだろう。イギリス資本主義の歴史のうえで、ロックとニュートンとは意外なところで重要な仕事をしているのである。

なお、ロックが直接に関係したわけではないが、ロックの友人たちが、おそらくロックとも相談しながら、やりとげたもうひとつの大事業は、イングランド銀行の設立であった。利子率の問題のところでのべたように、当時のイギリスにはまだ銀行はなく、ロンドンの金融業者が個人的に預金をあつめ、貸出しをしていたので、金利も高く、また業者が破産してたくさんの人に迷惑をかけるという事件も少なくなかった。名誉革命によって成立した新政府は、産業の発展と政府の財政的基礎づけのために、個人的な金融業ではなく、政府がうしろだてとなる公《おおやけ》の金融機関をつくることをきめ、一六九四年にイングランド銀行を設立した。ロックもこれに出資し、その設立と発展を援助したのであるが、この銀行の設立によって利子率も下がり、産業の発展も容易になった。一方では貨幣の大改鋳によって混乱をふせぎ、もう一方ではイングランド銀行の設立によって健全な金融政策を確立する、このことがロックの経済論がもっていた実践的な任務だったのである。

経済の流れ

利子率と貨幣改鋳の問題が、ロックのとりあげた具体的な時事問題であったが、しかしロックの経済思想はそこにとどまらないで、もう少しつっこんで経済の動きをとらえようとしていた。これは当時の経済問題には直接に結びつかないことではあったけれども、もっと長い目でみると経済思想の歴史のなかではやはり重要なことなのである。

ひとつの問題は、経済の動きのなかで貨幣はどのように流れてゆくのかということである。貨幣の流れは消費者からはじまる。消費者は商品を買い、貨幣を支払うからである。この貨幣は小売商人の手にわたり、そこからさらに卸売商人の手にわたり、農産物のばあいには農業経営者の手へ、工業品のばあいには産業経営者の手にはいり、いずれのばあいにも労働者を使っている経営であれば、賃金として労働者の手にわたされる。つまり、貨幣の流れは消費者からはじまり、労働者または農民のところで終わるのである。

ロックはこういう流れのなかで、経済を動かしてゆくのにどのくらいの貨幣量が必要かということを考えているのであるが、そのことはあまり重要ではない。むしろ重要なことはこういう形で経済の流れがひとつの表のようにとらえられていることである。別の言葉でいえば、ロックはこういう形で経済の構造、あるいは経済の循環過程をつかまえたといってよい。ロックは貨幣の流れでとらえたから、それは消費者からはじまって生産者で終わると考えたのだが、逆に商品の流れとしてとらえれば、これは生産者からはじまって消費者で終わるということになるだろうし、もっとよく考えてみると、消費者といっても遊んでいる人ではなく、じつは生産者であるのだから、貨幣の流れはグルグルまわっていることになる。そういうふうにおぎなってみると、経済の流れが生きもののように浮かび上がってくるといえるだろう。

しかしロックのこのとらえ方には、重大な欠点がひとつあった。それは、貨幣はそのように流れてゆくなかで、全部が最後の生産者のところまでゆくのではなく、途中でいくらかずつ商人や経営者や地主のふところへはいってゆくということを、ロックは見落としているということである。ロックももちろん、そのことを知らなかったわけではないだろうが、どのくらいが途中でぬけてしまうかということにはあまり興味をしめさなかった。しかしこのことはひじょうにたいせつな問題であって、たとえば農産物のばあいに、自作農なら話は簡単であるけれども、地主と小作人、あるいは地主と農業資本家と農業労働者というふうに分かれているときには、農産物の売りあげのうち、いくらが地代でいくらが利潤でいくらが賃金になるのかという問題があるはずである。工業品のばあいも同じ問題があるのだが、ロックはこの問題をとりあげなかった。そしてそのために、商品の価格の問題を考えるときにも、需要と供給との関係によって価格がきまるというだけで、生産費の問題がロックにはでてこないし、そもそも商品が交換されるのはなぜかとか、利潤や地代はどうして生ずるのかという価値論の問題もまったく考えられていないのである。

ただひとつだけロックがもう少しつっこんで考えた問題は、地代はなにを基準にしてきまるかという問題だった。そしてロックは、地代は——したがって土地の価格も——その土地の生産性が高まり、農産物が高い価格で売れ、貨幣量が多いときには上がると考えている。つまり地代や土地価格のばあいには、たんに需要と供給の関係ということだけでなく、土地自体のもつ生産性が問題なのだとロックは主張しているのである。理論的にはこの考え方もまだまだ不十分なのであるが、とにかく流通だけではなく、生産にも目をむけようという方向が、ここではわずかながらみえているといってよい。工業とちがって農業は生産のしくみ——むずかしくいえば生産における価値増殖過程——がわりあいに見やすいので、ロックだけではなく、当時の経済思想家たちも農業に目をむけることが多く、ロックから半世紀以上もあとになって、フランスのケネーという経済学者も、農業だけが生産的だと主張したほどであるが、ロックにもややそれに近い考え方があったようである。たとえば税金の問題で、ロックが税金は土地だけが負担すべきものだといって、地租を主張したことなどにも、そういう考え方がうかがわれるように思われる。

ロックの労働価値論

以上のロックの経済思想は、利子と貨幣の問題をあつかった三冊の書物についてみてきたものであるが、ロックの経済思想をみてゆくうえで、どうしてもおとすことのできない考え方がもうひとつある。それは経済思想のなかにでてくるものではなく、政治思想のなかにでてくるのだが、ふつう労働価値論といわれているものである。

すでに、「ロックの政治思想」でもふれられているように、『統治論』第二編第五章は、私有財産制はどうやって生まれたのかという問題を論じているのだが、そこでロックはこう説明している。土地とか土地の産物とかはすべて、はじめは共有物だった。ところがそれを利用して人間が生活してゆくためには、どうしてもこれに手を加える、つまり労働する必要があった。木の実は自然のままではみなの共有物だが、これを食べるときには木にのぼるか、棒で叩《たた》きおとすかしなければならない。そうすると木の実は、木にのぼったり、棒で叩いたりした人の私有物となるのである。土地についても同じことがいえるのであって、自然のままの荒れ地は共有物だが、これを畑にするのには開墾し、耕作し、種子をまき、刈り入れをするなどの労働が必要である。そして労働することによって土地も私有となる。生産のためには労働が必要であり、労働は私有を生みだす。これがロックの考え方であった。

だからロックは決して私有財産制に反対しているのではない。むしろ逆に、私有制こそ生産を高めるために必要だと考えているのであって、たとえば当時大きな問題となっていた共有地を私有地に変える土地囲い込み運動についても、ロックは囲い込みに賛成し、それによって土地の生産性はひじょうに高くなると主張したのであった。たとえばロックはこう書いている。「囲い込まれ耕作された一エーカーの土地から生産される生活必需品は、(うちわに見積もっても)同じ肥沃《ひよく》さをもちつつ共有の荒れ地のままになっている一エーカーの土地の産物の一〇倍になる。したがって土地を囲い込み、一〇エーカーの土地から、自然のままに放置された一〇〇エーカーの土地からとれるより以上の生活必需品をとる人は、人類にたいして九〇エーカーの土地を与えたことになる、といってよいであろう。」このように、労働を加えることによって土地の生産性が一〇倍にも高まるとすれば、世界中にはまだまだたくさんの未開地があるのだから、生産が発展する余裕は無限に近いほどあり、人類は土地のとりあいや物資の不足を心配する必要はなく、いくらでもゆたかな生活をつくりだせるはずだ、とロックは主張するのである。

ところが貨幣というものが発明され、金や銀でなくても買えるという世の中になったために、ここに所有の不平等という問題が生ずるようになった。一方ではありあまるほどお金をもち、遊んで暮らしている人があり、もう一方では一生懸命働きながら、その日その日の生活にも困る人がいる。これは私有財産制が悪いのではなく、生活には役立たない金や銀のようなものを、みながたいせつにするようになったためである。こういうロックの考え方は、先にのべたように、ロンドンの金融業者が貨幣を独占していることへの非難と結びついているとみることができよう。貨幣そのものをロックは廃止せよといっているのではなく、それが不平等に配分され、少数のものに独占されている状態をあらためよ、とロックは主張しているのであって、この主張の根本には、生産をし労働をしているものこそが富をつくりだしているのであり、金を貸したり、ブローカーのようなことをやっているものは、生産者のつくりだす富を横どりしているのだという考え方が横たわっている。働くものこそ富＝価値のにない手であるというこの思想こそ、ロックの基本的態度なのであった。

しかし、労働こそ価値をつくりだす根本だという考え方は、それだけではまだ厳密な意味では労働価値論とはいえない。労働価値論というのは、こういう考え方を土台としながら、さらにすすんで、商品が交換されるときの尺度はその商品の生産に必要とされた労働の量である、とする理論である。そしてロックも、労働が価値を生みだすと主張しただけではなく、「労働がだいたい価値の尺度となる」といって、もう一歩、労働価値論へ近づいているとみてよい。だがロックの労働価値論はここでとまってしまう。ロックとほぼ同じ時代のウィリアム＝ペティとくらべてみても、労働が価値の尺度であるという考え方においては、ロックの説明はきわめて粗雑であって、もちろん、のちのリカードやマルクスにくらべてみると、ロックの主張は労働価値論といえるかどうかさえあやしい程度のものだったといわなければならない。だからロックの労働価値論は、利子や貨幣のことをあつかった経済思想とはうまく結びついていないし、経済学の理論というよりむしろ、働くものの権利を主張する政治思想の一部となっているのであり、そしてそういう意味でかえって重要性をもっているといえるのである。

マルクスと『共産党宣言』

ロックの経済思想のまとめ

ロックの労働価値論が経済思想としてよりも、むしろ政治思想として重

要だ、ということは、よく考えてみるとなかなか深い意味をもっている。経済理論というのは、物の価格はどうやってきまるのかとか、生産や分配がどう行なわれ、資本の利潤や地代や賃金がどのようにきまるのかとかいうような問題をあつかうものである。しかし、こういう問題は、もっとつっこんで考えてゆくと、社会のしくみがどうなっているかによって変わってくる。ところが経済学者は、社会のしくみは変わらないものと前提して議論をすすめていることが多く、社会のしくみまでつっこんでその不合理性を追求するという姿勢をもたないのである。ロックのばあいも、かれが貨幣や利子の問題を考えているときには、そういう態度をとっていた。そしてロックは社会のしくみを経済論とは別に、政治論として考えていたのである。

しかし社会のしくみの問題を、経済論として考えることは不可能なのかといえば、そうではない。たとえばアダム＝スミスやマルクスのばあいには、経済の問題を社会のしくみまでつっこんで考え、しかもそれを経済論からきりはなされたものとしてではなく、経済論の一部として、あるいはその土台として考えていた。それがスミスやマルクスの価値論なのである。ところがロックでは価値論がうまく経済論のなかへくみこまれていない。このことはロックの経済論の大きな欠陥《けっかん》であるけれども、しかし、政治論のなかに価値論をもっていたということは、まったく価値論のない経済理論だけの思想家よりは、ロックの方がはるかにすぐれていたということをあらわしているともいえるのである。別の言い方をすれば、ロックの思想のなかで、スミスやマルクスへつながってゆくものは、その経済論ではなく、むしろ政治論であったといってよいであろう。

ロックの労働価値論が働くものの権利を主張するものであったということは、くりかえしのべたとおりである。しかしこの「働くもの」というのが、労働者や農民をあらわしているのかというと、そうではない。この当時はまだそれほどはっきりと分かれてはいなかったけれども、働くもののなかには、労働者や農民のほかに資本家もふくまれていたのであって、それらをひっくるめてロックは働くものの権利を主張したのである。こういう人びとのなかから、将来資本家になるものと、労働者や小農民などになってゆくものとが分かれてくるし、その当時、すでにそういう分解がはじまりかけていた。そのばあいロックが分解をしてゆく人びとのどちらのがわに味方しようとしたかといえば、いうまでもなく、資本家になり上がってゆく人びとの味方であった。このことは、あとでのべる「ロックの教育思想」のなかで大へんよくあらわれてくるのだが、経済思想のなかでもうかがうことができる。とくにそれはロックが、労働による私有制の確立と、それにもとづく生産力の発展を主張したという点にあらわれている。たとえば共有地の囲い込みは、たしかにロックのいうように、土地の生産力を一〇倍にも高めるのではあるけれども、しかし同時に他方では、共有地にたよって生活していた小農民から土地をとりあげ、土地から追いだし、かれらを労働者にしてしまう。こういう生産力発展の裏面に、ロックは目をつぶっている。生産力が発展すればみんなが幸せになれるとロックは考えているようだが、反面ではその犠牲になる人もあり、社会のしくみのなかでは新しい矛盾もでてくる。ロックの時代にもそういう犠牲者のことに目をむけていた人びともあった。そういう人びとは、生産力の発展よりも、働く人びとの平等ということを強調した。平等を強調するか、それとも不平等をふくむ生産力の発展を主張するかという分かれ道が、ロックの時代にはあった。ロックがえらんだのはこのあとのほうの道であり、そして資本主義の発展のなかで勝利をしめたのも、このあとのほうのすすみ方であった。そういう意味でロックの主張は、資本主義の発展のコースにそったものであったといえるであろう。

ロックにくらべると、利子率引下げを主張したチャイルドや、貨幣の額面引上げを主張したラウンズは、もっと古い階級——商業資本や金融業者など——を代表していた。これにつながる経済思想の流れは、ロックのあともまだしばらくつづき、経済のゆきづまりを金融政策で打開しようとする考え方として、重商主義思想のひとつの流れを形づくっていた。これにたいして、金融政策ではなく生産力の発展によってすすんでゆこうとする考え方は、ペティやロックにはじまり、デフォーやヒュームをへ、やがてアダム＝スミスにいたって、重商主義思想を完全にのりこえるようになった。古典派経済学といわれるものがそれである。だからロックは、まだ重商主義の時代の混沌のなかにありながら、一方では商業資本や金融業者や古い地主層に対立し、もう一方では労働者や農民をおさえながら、はるかにスミスの思想へつながる初期産業資本の立場を代表するものだったのである。

ロックの哲学思想

なぜ哲学するのか

ロックの思想といえば、たいてい、近代民主主義の原理を説いた『統治論』と、人間の経験によって、真理をたしかめる道をひらいた『人間悟性論』とが、あげられる。このどちらの著作も、名誉革命（一六八八年）から二年後の一六九〇年に、とく名で出版された。

ところで、この『人間悟性論』は、どのようにして生まれたのだろうか。ロックはなぜ哲学したのだろうか。哲学するということは、けっして学校で教えられるからやるというものではない。人間が生きようとすれば、かならずそうせざるをえない問題につきあたることから、哲学は生まれてくる。ことにロックの哲学は、かれの生活のなかから生まれた。この書物の序文には、その成り立ちが詳しく書かれている。一六七三年の冬に、五、六人の友だちがロックの部屋に集まってきて、いろいろむずかしい議論をしはじめた。いったい神とはなんだろうか。人はどうして

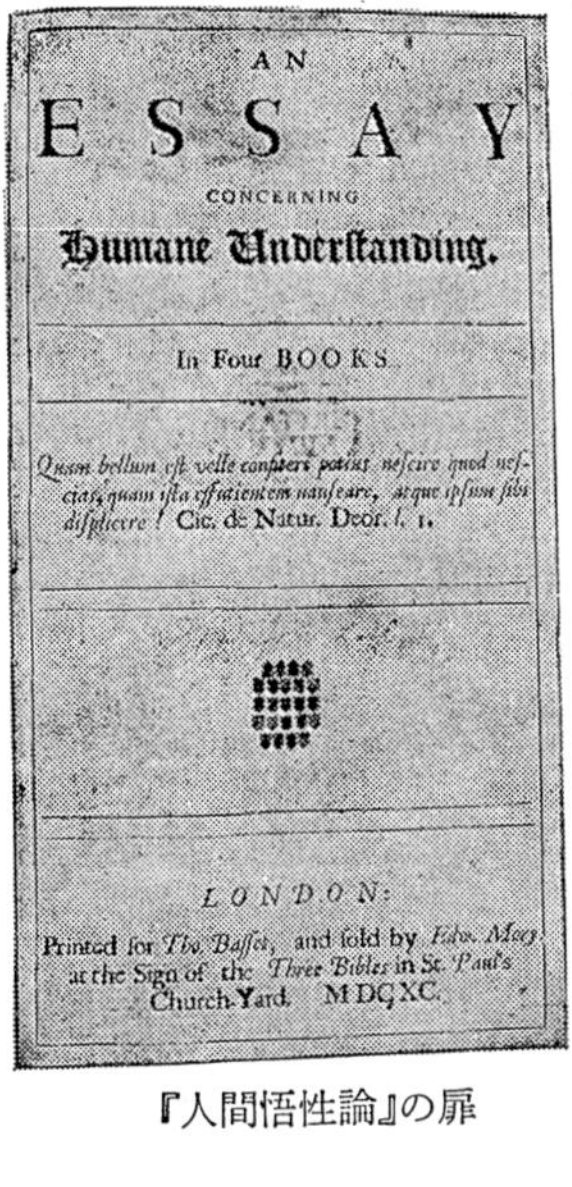
AN
ESSAY
CONCERNING
Humane Understanding.

In Four BOOKS.

Quam bellum est velle confiteri potius nescire quod nescias, quam ista effutientem nauseare, atque ipsum sibi displicere! Cic. de Natur. Deor. l. 1.

LONDON:
Printed for *Tho. Basset*, and sold by *Edw. Mory* at the Sign of the *Three Bibles* in St. Paul's Church-Yard. MDCXC.

『人間悟性論』の扉

カント

信仰するのだろうか。あるいは、この世にはすべての人が承認するような道徳律（正直であれ、というような、道徳上の法）があるのだろうか。こういう問題をめぐって、ああでもない、こうでもないといいあっていたようである。だが、その議論の最中にふと、ロックは問題を解く糸口を見つけた。それは、いくら道徳や宗教について議論していても、これを議論している人間自身の問題がなにも解明されていないではないか、神や道徳を取りあげるわれわれ自身の能力を吟味《ぎんみ》することが、まず先決問題ではないのか、ということである。そこで、ロックは仲間にこのことを提案したところ、みなこれに賛成した。近代哲学のコペルニクス的転換といわれるカント(Immanuel Kant, 1724～1804)の『純粋理性批判』に先立つこと、ほぼ一〇〇年前のことであった。

哲学は猟者の喜び

ロックは直接には、この会合で『人間悟性論』を書こうと決意したのだけれども、こういう着想は凡人にはそうざらにできるものではないし、偶然思いついたものでもない。ロックはすでに一六六四年に――三二歳だからそう若くもないが――、『自然法論』を書いて『人間悟性論』の片鱗《へんりん》をのぞかせていた。「Ⅰロックの時代と生涯」でのべてあるように、かれは若いころから生涯にわたって宗教や自然法を問題としていた。だが自然法がどのようなものであれ、これを認識する方法こそが重要ではないのか。その第二論文のなかで「自然法は自然の光によって知りうるか」という問題をたてて、これを認識する道は、伝統的にのべられてきたように、あらかじめ心に刻みこまれたものでも、他人から教えられるものでもない。ひとは自分の能力で判断すべきものであり、また、人間ならだれしもすべてこうした能力をもっているはずである。デカルト（René Descartes，1596～1650）は一六三七年に『方法叙説』を書いて、「私は考える、だから私は存在する」というあの有名な命題を立てたが、このあと二七年のことだったのである。

もちろん、このころのロックの自然法に関する考え方は、のちの『統治論』とはまるでちがっており、「人民の声は神の声ではない」とのべて、王政復古に味方していたし、また人間の自然的権利をみとめていなかった。しかし、真理を人間の認識能力に求めようとしたことは、近代の人間の知性に限りない信頼をおくものであって、フランスのデカルトとならんで、イギリスのロックが啓蒙思想の源泉であるといわれるのもそこにあるのである。

デカルト

だが、こうした認識能力を求めることは、たやすいことではない。研究はいつの時代においても「苦労に値いする」ものである。だからといって、この苦労を避けてとおるわけにはいかないし、また苦労してこそ、新しいものを創造していく喜びもあるのだ。『人間悟性論』のなかで、ロックは次のように哲学することの喜びをもらしている。

「人に施《ほどこ》し物を請《こ》う必要がすでになく、人から寄せ集めた意見にたよってのらくらと生きることに満足せず、自分の考えを働かせて真理を発見し、追求しようとするものは、(かれがどこに達しようとも)猟者の満足を失わない。追求の瞬間ごとに、かれの努力はある喜びで報いられるし、また、ある大きなものをえたと、あまり誇ることができないときですら、かれには自分の時間を無益に使わなかったと考える理由がある。」

デカルトの合理論

悟性(感情に対する人間の論理的な思惟力)が真理を探求するのは、猟者の喜びである。ロックはこうして、近代人の知性を確信して、知性の可能性を考えようとした。このことは、これまでのヨーロッパ世界で人びとの考えを支配していたスコラ学(中世の教会で典拠とされた思弁風の学問)を打ち破ることを意味する。ことにピューリタン諸派がスコラ的な議論を固執《こしつ》していたために、この無味乾燥さに我慢がならなかったようである。卒業後、このスコラ学の味気なさからロックを救い出したのは、デカルトであった。かのマシャム夫人の語るところによれば、「ロックに哲学上のことがらの興味をあたえた最初の書物は、デカルトのそれであった。かれはデカルトの書物を好んで読んだ。というのも、ロックはデカルトとは見解を異にしていたけれども、デカルトのいうところは、実に明解だと考えていたからである。」

一七世紀における哲学の中心はもっぱら認識論にあつまり、実在についていかに知ることができるかという認識方法が問題であった。ロックより以前に、この実在を認識する方法を、スコラ学のように外界からのたんなる印象ではなく、また権威や伝承にも求めずに、内なる理性に求めたのは、やはりデカルトであった。

デカルトは『方法叙説』のなかで、力づよく次のようにいう。「この世のなかで、もっとも公平に配分されているのは、良識である。」この良識とは「よく判断し真偽を区別する能力」であって、この能力である理性を働すことが、真理を探求する前提である。しかも、この理性は人類にのみあたえられた固有の本性であって、人間はこれを用いることにかぎりない喜びを感じる。「わたしはこの方法を活用しはじめていらい、これ以上に楽しい、これ以上に清らかな満足を味わうことはできない、と信じたほどのいうにいわれぬ満足を感じた。」

デカルトもまたこの理性をかぎりなく信じ、その認識能力の可能性を追求していく。こうしてかれは、旧来の慣習や伝統による諸観念がいかに誤りにみちているか、を示す。古い学説と明確な真理とを対比させて、次のようにいう。「とりわけ、わたしは数学を楽しんでいた。というのも、その理論は確実性と真証性とをもつからである。……これとは逆に、習俗を論じた古代異教人の書物を、砂の上か泥の上に立っているだけの宏壮で華麗きわまる宮殿とくらべてみた。……かれらがあのようにも美しい名をもって呼ぶものは、おうおうにして無感動、あるいは傲慢《ごうまん》、あるいは殺人にすぎない。」

一七世紀の前半紀をおおうふるい権威と伝承の霧の間から、デカルトの理性の光がさしかけてきた。多くのスコラ的な迷信や狂信に反対して、個人の内部にある自然の光を照らすことは、ロックの哲学のリズムであった。のみならず、デカルトの要求する真理の明証性と真証性を、ロックもまた要求したのである。

デカルトの矛盾

ロックはデカルトにならって、近代人の知性を確信し、悟性の能力を解明しようとした。ところが、その方法において、ロックはデカルトとはまるでちがっていた。デカルトは従来の知識を検討して、できるかぎり明らかな真理を求めるために、理性によって、すこしでも疑わしいところがあれば、すべて虚偽であるとしりぞけ、疑うことのできない確信にまでつきつめる。こうして、デカルトはあの有名な「考える我」こそもっとも重要な真理であるとの考えに達した。

「わたしの心のうちに入ってきたいっさいのものは、夢に見る幻影のように、真実なものではない、と仮定しようと決心した。けれども、そう決心するやいなや、わたしがそのようにいっさいを虚偽であると考えようとするかぎり、そのように考えている『わたし』はかならずなにものかでなければならない、と気づいた。こうして『わたしは考える、それゆえにわたしはある』という真理が、きわめて堅固であり、きわめて確実であって、懐疑《かいぎ》論《ろん》者らの無法きわまる仮定をことごとくたばねてかかっても、これをゆるがすことのできないのをみて、これをわたしの探求しつつあった哲学の第一原理として、ためらうことなく受けとることができる、とわたしは判断した。」

だが、デカルトはこのもっとも確実である「考える我」よりほかに、証明の必要としない真理をのこした。人間は有限である。だから、有限な人間の思惟より明らかなものは、すべて真理である。それは、人間の思考、いわんや経験より以前のものである。デカルトは既成の観念はすべて理性の審判を受けなければならないとしながらも、そして数学や物理学の自然界の旧説をようしゃなく批判しながらも、道徳律や神の存在についての観念を自明のものだ、とみとめた。

デカルトの合理論は認識の領域にかぎられ、この部門では新しいものを創造したのにたいし、生活態度はきわめて伝統的であり、保守的であった。当時の絶対王権のもとに、過去の慣習に従って生きることが、デカルトの信条である。

「第一の公理は、神の恵みをもって、わたしを幼いときから育ててきた宗教をつねに守りながら、またその他のすべてのことがらにおいては、わたしがともども生きていかねばならぬ人びとのうちの、もっとも聡明《そうめい》な人たちが、実践上では一般に承認するもっとも穏健な、極端な遠い意見にしたがって、自分の舵《かじ》をとりながら、国の法律や慣習に服従することであった。」

デカルトは既存の法律や慣習を重んじただけではない。生まれながらにもっている神の観念は、有限な人間より先なるものであり、これは個人の理性で裁かれないものである。デカルトは、こうして神が人間からの超越して存在する完全なものであることを宣言した。

「神という名のもとにわたしが理解するならば、ある無限の、独立の、全智の、全能の実体である。そして一方、わたしは自身を、また他方でそのほかのいっさいのものを創造したところの実体である。まことに、このすべての性質は、私が深く注意を払えばそれだけ、私自身からでてきたものであるとは思われない。

だから、神は必然的に存在する、と結論しなければならない。」

生得観念の破壊

せっかく、デカルトは自然界に自然の光をあてながら、神の観念を証明なしにみとめることとなれば、宗教の領域でそれはまたスコラ哲学へ逆戻りすることにはならないだろうか。なによりも、ロックが気に入らないのは、それでは、かれがもっとも問題としたピューリタン諸派の神の観念をみとめることになるし、またかれの攻撃目標であったカトリックの神の観念をも承認することになる、ということだった。事実、デカルトはたしかにルネサンスの潮流をひいてはいるが、宗教改革の洗礼を受けてはいない。ロックはこれら近代思想史上の二つの大きな流れを調和して、いずれをも超越する人間像を作ろうとした。そのためには、いかに崇高な神も、また神の命じた自然法も、すべて理性で吟味しなければならない。それだけではない。神がより完全なものであればそれだけ、理性の審判に耐えうるはずである。

「神の観念は生得的ではない。」ロックはこうはっきり宣言する。というのも、歴史にてらすとき、古代諸民族のあいだで神の観念や宗教の観念をもたない民族があるからである。また、現在の文明国でも、無神論の攻撃をきくが、このことは無神論者も存在することを意味する。また「たとえ人類がいたるところで神の観念をもっていたとしても、これで神の概念が生得的であるということにはならない。」

また、道徳の原理も生得的ではない。たとえば、正義というような一般に承認される道徳律にしても、いろいろの時代や社会ですべてちがったふうに考えられており、時代や国をつうじて一義的に明らかであるような道徳的原理は存在しない。

こうして、道徳律だけではなく神の観念までも、生まれながら人間にあたえられているものでない。それらは自然の光であるロックの悟性で吟味され、観念が構成される。それというのも、生得観念はおうおうにして独断や狂信に結びつくからであり、ことにピューリタン革命における宗教諸派への偏見と熱狂となるからであって、ロックの生得観念の破壊はこうした宗教諸派の批判を意味した。「熱狂は理性を棄《す》てて、理性なしに啓示を立てようとするものである。こうしてそれは、理性と啓示とをともに棄てて、そのかわり、ある人の頭のなかの根拠のない多くの空想を生みだし、空想を思惟と行為の基礎とみなすのである。」ピューリタン革命との間に、実にこうしたロックによる思想の転換が行なわれたのである。

理性と啓示との一致

ところで、ロックが道徳律や神の観念が生まれながらに人間のうちにあるのだという考え方をしりぞけたからといって、道徳や神が存在しないときめつけるわけではない。むしろ、神や自然法の存在を確信しているのであり、古い伝説や先入見にとらわれずに、悟性で認識できるものこそ、ほんとうの神であり自然法だというのである。だから、ピューリタン時代のように、神や自然法が人間から超越したところにあるのではない。人間の知性に媒介されて、その存在があきらかになるという点では、個人の理性のなかに神や自然法が存在することになる。

ニュートン

そうだとすれば、まさにロックのこの考え方はニュートン（Isaac Newton, 1643〜1727）の物理学の世界と一致するはずである。「驚くべき叡知《えいち》と力の明らかなしるしは、創造のあらゆる作品のうちにきわめて明らかにあらわれているのであるから、理性の創造物である人間は、これらの作品をほんとうに考察すれば、神を発見しそこなうことはありえない。」ロックのねらいは、実にこうした理性と啓示とを一致させることにあったのである。

『人間悟性論』の主題

ロックはデカルトに挑戦して、ふるい道徳や神の観念をすべて破壊してしまった。事実、デカルトの神は人間の経験や理性より先なるものである。このデカルトの先験的な神の実在性は、ふるい神の観念に結びついている。ロックはすべての観念の先験性を排し、これを人間悟性のうちに導き入れるのである。もっとも、ロックもときにはデカルトとおなじく、神の存在を直観だけで確かめているふしもある。いかに偉大な思想家でも、ときには矛盾したことがみうけられるが、これは思想家を責めるよりは、むしろその時代の姿を鋭くうつしだしていると考えられるのである。

しかし、ロックの主題はどこまでも、あらゆる観念を吟味することであり、またこれを吟味する悟性の能力を説くことである。そして悟性の限界を知ることが、逆に悟性の力を高めることになる。ロックは認識批判をこころみるカントのような口調《くちょう》で、次のようにいう。

「悟性の諸能力を発見し、その能力がどこまで達し、どのようなものにある程度まで適合するのか、またどこでそれはわれわれの役に立たないかを、わたしが見いだすことができるならば、この研究はひとに次のことを納得させるのに役立つと思う。すなわち、人間のせわしい心がその理解力をこえることがらにかかわるときには、もっと用心ぶかくしなければならない。そして心のおよびうる最大の範囲のうちにとどまるべきであって、もし吟味の結果、われわれの能力のおよばないことがわかるようなことがらについては、静かに無情の状態に安んじること、これである。」

経験論の立場

このように前提したうえで、ロックは人間悟性の探求の旅にでる。そのばあい、まずロックはデカルトの先験的な人間理性にたいして、直接にわれわれ人間が日常生活のなかで経験することから出発する。生まれたての人間の悟性にはなんらの生得観念もなく、まったくの白紙《タブラ・ラサ》である。そうだとすれば、悟性はどのように知識をえるのだろうか。「一言でもって経験からと答える。すべてのわれわれの知識はこの経験にもとづくのであり、つまるところ、知識は経験に由来するのである。」現実において、人間は身体と意識をもっており、この二つの働きで知識をつくる。この点では、デカルトのように意識だけで真理をつかむのではなくて、肉体と意識との両面から物をつかむ、というよりは、経験論に合理論（経験によらず、理性による思考にもとづいて認識の成立を説明する考え方）のように自然と人間、身体と意識を分離しない。この考え方は、大陸の合理論とちがったイギリス特有の思想なのである。

それでは、身体と意識で人間はいかに経験をつみ重ねるのであるか。ロックは『自然法論』のなかで、すでに経験を感覚と理性とにおいた。この二元論がおなじ経験論のなかでも、ロックの考え方を特色づけるものである。まず、イギリスに伝統的なベーコンからホッブズにいたる感覚的経験論にしたがって、ロックは外界が人間の感官に影響をおよぼすことが、観念のはじまりであるとする。「まず第一に、個々の感覚的対象にかかわるわれわれの感官が、事物のいろいろの別個の知覚を心に運び入れる。」われわれは五官をもち、物体に接して視覚で色を、聴覚で音を、触覚で堅さや音度をなど……外界から印象をうけとる。

だが、われわれは感覚だけから観念をつくるわけではない。たしかに感覚は観念をえるための基礎ではあるが、これを土台として感覚とはちがった形で観念をつくる。これは、いわば理性の働きである。「第二に、経験が悟性に観念をあたえるもう一つの起源は、悟性がそのえた観念に関して働くばあいの、われわれ内部における心の作用で知覚である。この作用は、精神がこれを反省し考察するようになると、外界の事物からは得られなかったような他の一連の観念を悟性にあたえる。それはすなわち、知覚すること、考えること、疑うこと、信じること、推理すること、知ること、意志すること、およびわれわれの心のすべての異なった働きであって、われわれはこれらを意識し、自分のうちにこれらを認めるのであるから、われわれが感官に影響をあたえる物体から受けとるとおなじように、明白な観念をこれらの作用から悟性に受けとるのである。」

直接に人間が物体とかかわることによって、物から受けとる観念のばあい働くものが「外感」であるとすれば、心の内なる働きはいわば「内感」であって、ロックは「心が自己の内部それ自身を反省する」という意味で、これを「反省」と名づけた。

人間悟性はこの世界のなかで、これら二つの作用すなわち感覚と反省で観念を構成する。すべてのわれわれの観念は、これら二つの起源の一方か、または他方から生ずる。ロックはこのばあい、この二つの作用をまったく独立した働きとみなし、ひきはなしている。だが、観念を形成するうえでの時間的順序はつけているのであって、感覚のほうがより先なるものであり、感覚から印象をえなければ、反省によって「観念もつくられないのである。」

だからといって、ロックには反省が第二義的なものである、というわけではない。ロックは、人間固有の心の働きがむしろ反省にあると考えており、先の受動的な働きに対してこれを能動的な心の働きとみなしている。心のもつさまざまの観念を判別し区別する能力は、動物にはない人類の本性である。それは「人間悟性の特権」なのである。

ホッブズの感覚論

知識が感覚的経験にもとづくものであるといえば、なにもロックに固有なものではなく、ホッブズのなかにもみられる。ホッブズは『リヴァイアサン』のなかで、思考の起源をおなじく感覚とみて、次のようにいう。

「一つ一つみれば、思考はそれぞれ、われわれ外部の物体の、ある質またはその他のいろいろな性質ないし現象である。この物体はふつう対象とよばれる。この対象は目や耳やその他の人体の諸部分に作用して、さまざまな作用によって、さまざまな現象を生みだすのである。すべての思考の根源は、われわれが感覚とよぶものである。その他のものは、この根源から引きだされる。」

ところで、人間が感覚によって物体から印象を受けとるという意味では、ホッブズの感覚もまた受動的である。「感覚の原因は外的物体すなわち対象であって、それはそれぞれの感覚に固有な器官を、味覚や触覚や嗅覚におけるように間接に圧迫する。この圧力は、神経やその他身体の筋や薄膜の媒介によって、内部に伝わって頭脳と心臓にゆき、そこに抵抗、反対圧迫すなわちその圧力を除去しようとする心の運動の最初の小さなきざしを生じさせる。そしてこの運動の小さなきざしは、外部にむかっているので、なにか外的な物質がそこに存在しているかのように思わせる。そしてこの外観すなわち想像が、いわゆる感覚である。」

観念の起源は、ホッブズでもロックでもおなじく感覚である。だが、外界と感覚とのかかわり方についていえば、ホッブズとロックではまるでちがっている。ホッブズでは自然界の物理的・生物的法則が、そのまま人間の世界にもちこまれる。この意味では、ホッブズのほうが一元論(究極の原理を物体と精神に分けず、物体なら物体から精神まで説明する考え)的であり、論理的に首尾一貫しているが、ロックは二元論(精神と物質、人間界と自然界とを二つに分けて、別の原理があるとみる考え)的であり、またあいまいである。だから、認識論や哲学の領域で自然主義(自然にあてはまる法則や原理を人間や道徳や社会にも適用する考え)

がとりあげられるばあい、ロックよりホッブズのほうが引きあいにだされるのである。

ホッブズは物理的法則が人間の世界にもあてはまるものとして、次のようにいう。「すべて感覚しうるとよばれる性質は、それを生ぜしめる対象のなかにある。それは物質のそれだけの数のさまざまな運動にほかならず、それらの運動によって、対象がわれわれの諸器官をさまざまに圧迫するのである。圧力を加えられたわれわれの内部においても、それらはさまざまな運動にほかならない（運動は運動以外のなにものも生まないからである）。」

この自然科学の運動は、また近代社会のブルジョアジーの姿を映しだしている。この大地に生きる人間は、感覚をはたらかせ、なにものかをもとめ、意欲し、行動する。それは生命的運動であり、動物的運動である。生命あるものは休むことなく、善を欲し、悪を嫌い、幸いを求め、禍《わざわ》いを避けて行動する。だが、意欲し行動するためには、力を必要とする。

物体と感覚とのぶつかり合いから、行動への意志が生じ、この意志を実現するための力が要求される。「つぎからつぎへと力を求め、死によってのみ消滅しうるような不断の意欲が、全人類の一般的性向である。」人間が力を無限に求めて行動し、たがいにぶつかり合うとき、そこに「力の合成」が生まれる。それは物体の加速度にも似て、「人間の力のなかで最大のもの」となる。リヴァイアサン＝国家は、こうした物理的力の合成から説明されるのである。

ホッブズの感覚論はきわめて衝動的な意志と力の思想を生みだし、ピューリタン革命期の人間像をあらわ

ヒューム

している。この点では、ロックの考え方とはっきりちがっていることは、のちにのべるであろう。

ロックの感覚的経験論

ホッブズは物体の実在性をみとめ、物体が人間という物体と衝突するとき、そこに力の合成が生まれた。この力の合成も物理的運動であるという意味では、ホッブズの人間は、どこまでも唯物論的である。ロックもまたホッブズとおなじく、感覚論のなかで物体の実在性をみとめる。この点では、あきらかに一八世紀のイギリス経験論哲学とはちがっている。なぜなら、バークリー（George Berkeley, 1685～1753）やヒューム（David Hume, 1711～76）は、物質をすべて主観の感覚から説明するからである。バークリーは『人知原理論』（一七一〇年）のなかで、次のようにいう。「事物が存在するとは、知覚されることである。すなわち、そうした事物が心のそとで、つまりそれらを知覚するところの思考するもののそとで、かりそめにも存在することとである。」 バークリーでは、要するに物体は意識のことがらであって、これは主観的観念論の典型である。

一七世紀の感覚論は、ホッブズでもロックでも知覚を物体から説明する。意識が働くのは、物体の力が感官に働くからである。観念を心に生ぜしめる物体の力を、ロックは「物体の性質」とよぶ。物体のなかにある性質は、まず第一に、物体がいかなる状態にあろうとも、物体からまったく引きはなせないものであり、

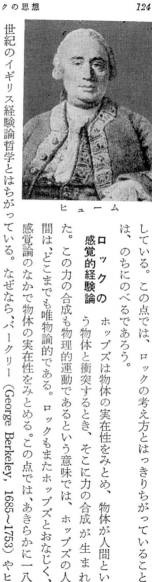

たとえば「物体の固形の大きさ、形、数、位置および運動または静止である。これらのものは、われわれが知覚するといなとにかかわらず、物体のなかにある。」この性質は、人間の知覚するといなとにかかわらず存在するという意味では、いわば物体の「本来の性質」または「第一性質」である。このばあい、人間の感覚はたんに物体の作用を受ける受動物にすぎない。

だが、ロックの特徴的な見方は、むしろ物体のこの「第一性質」より、「第二性質」である。すなわち、物体そのものの力よりは、なんらかの形で知覚が作用するばあいの物体の性質がこの第二性質である。たとえば、ロックは物体の性質のうちから第二性質を導きだす。「炎は熱く明るい、雪は白く冷たい、甘露《かんろ》蜜は白く甘い、というようにいわれるのは、これらの物がわれわれのうちに生ずる観念による。」したがって、この物体の性質は、物体のうちにはあるものの、感官のあるものに作用することによってのみ、「いろいろな色、音、味などのさまざまな観念を生ずる」感覚的性質である。だから、人間の感覚の働きがなければ、その性質があきらかにならないという意味で、主観的な経験論の萠芽《ほうが》をしめしており、ホッブズからバークリーの方向へゆく過渡期をつくっているのである。

ボイル

ロックは物体の性質を第一性質と第二性質に分け、これを感覚とのかかわりあいで区別した。ロックのこうした考え方は、かの「ボイルの法則」で有名なロバート=ボイル (Robert Boyle, 1627～91) の影響をうけたことから生まれたものである。

　ロックは物体と感覚との関係をきわめて相対的にとらえている。たとえば、おなじ火という物体の性質を考えても、「ある距離をおいて、われわれのうちに暖かいという感覚を生ずる火が、より近くではこれとはまるでちがった苦痛の観念を生ずる」であろう。また、感覚そのものが変化すれば、物体そのものの性質そのものが変化する。自然科学の実験にきわめて興味をいだいており、医学に精進していたロックの一面が、次の文章からもうかがえるのである。

　「もしわれわれが諸物体の細かい部分を見わけるだけの鋭い感覚をもっているならば、この感覚はこれまでとはまるでちがった観念を生みだす。このことは顕微鏡をみればあきらかになるのであって、顕微鏡でわれわれの感覚が鋭くなれば、いままで肉眼にはある色にみえていたものが、まったく別のものであることがわかるのである。」

ロックはガッサンディストか

　このように、主観的な感覚を強調するために、ロックはホッブズの感覚論ではなく、デカルトに対立したフランスの感覚論者ピエール＝ガッサンディの影響を受けている、と考える人もいる。たとえば、ライプニッツがそうである。事実、ガッサンディは『哲学集成』（一六五八年）のなかで、「あらかじめ、感覚にないものは、なんら知性のうちにはない。」という有名な命題をのべている。ロックは一六七五年の第二回目のフランス訪問のとき、ガッサンディストの指導者ベルニエと交渉をもっていた。だが、この考え方は、ロックをガッサンディからコンディヤックのフランスの感覚論の潮流のなかにおくことになるが、これはロックの一面しかみていない。なぜなら、ロックは感覚によって物体の性質を規定するからといって、物体の実在性そのものを否定するものではないからである。いぜんとして、ロックは物体の第二性質を論ずるばあいにも、作用をあたえるのは外界の物体であり、人間は印象をうけとる受動物である。イギリスの感覚論的経験論に特有な考え方は、自然と感覚とが対立せずに直接に結びついていることであって、この点でもドイツ古典哲学者カントともあきらかにちがっているのである。

ロックの道徳思想

自然と感覚とのかかわり方を追求するとき、感覚論は単に認識論の領域にとどまらないで、それは道徳哲学に結びつくし、したがってまたイギリス古典経済学を生みおとす思想的母胎にもなる。

ライプニッツ

ホッブズの感覚論においても、人間の感覚には快楽と苦痛の観念があらわれた。そしてこの観念が物体への欲求となり、人間を行為へ駆りたてる。では、どのようにして人間は欲望をつうじて行為へむかうのか。運動からである。「対象の行為が耳目その他の器官から心へ継続されるばあい、そこに生ずるじっさいの効果は、運動すなわち努力にほかならず、それは動いている対象への欲求または嫌悪である。」　物体の運動が

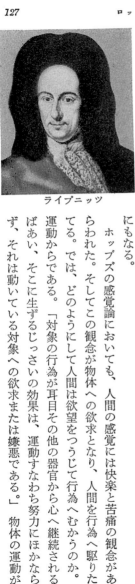

人間の運動へ、そして物を獲得する運動となる。欲求がみたされるとき、そこに歓喜が生まれ、それが否定されるとき、不快が生まれる。そして「なんにせよ、ある人の欲求や意欲の対象となるものは、善であり、かれの憎悪や嫌悪の対象は悪である。」

ロックもまたエピクロス以来の快楽説に立ち、人間には快楽と苦痛の観念がかならずあらわれることを承認する。「喜悦および不安はいずれも、感覚および反省の両者によるほとんどすべてのわれわれの観念と結びついている。そして外部からのわれわれの感覚も、内部における心の思考もすべて、われわれのうちに快楽または苦痛を生まないものはほとんどない。」そして、これらの感情が働くために、人間は力を用い、行為へとむかうのである。すなわち、われわれは苦痛をさけ、快楽を求めようと意志し、行動する。このことは、人間の本性であり、また善である。ピューリタン諸派のように、快楽を原罪とみなすことは明らかに人間性にたいする不信である。当為（あるがままの姿に対して、あるべき状態）から現実の経験的な人間性を審判するのではなく、これをそのまま肯定するところから、啓蒙思想は出発する。

もとより、ロックが快楽説をとるとはいっても、その内容はきわめて多義である。ロックは物質的快楽よりも精神的快楽を主張し、五つの永続的な快楽、すなわち健康、名声、知識、善行、至福を重視する。だから、ロックの倫理観はホッブズのような物質的な快楽主義にではなく、ガッサンディのようなキリスト教にもとづく快楽主義に近い、とみられているのである。

ところで、このこととといくらか矛盾するのであるが、ロックは人間の意志の決定にもっとも大きい影響をあたえるのは、理想主義哲学のように善ではなくて、目前の緊急な不安であると考えている。「私は善より大きい善が、たとえ意志を決定するものであると理解され承認されても、善がないためにわれわれが不安になるまでは、欲望によって意志を決定しない。またたとえある人が貧乏よりは立派な生活のほうがよいと知っていても、かれが貧乏に満足し、そのうちに不安を見いださないかぎり、かれは行動しない。」このようにみると、ロックは行動の原動力をどこまでも個人の経験的な心理においている。のみならず、「私はより善きものをみ、それを可となす。されど悪しきものに従う」という、ある不平家の言葉をみとめている。そうだとすれば、一八世紀のマンデヴィルの『蜜蜂物語』(一七〇五年)にでてくる、もっぱら私悪を追求する人間像に近いものといえるであろう。さらに、ロックは個々の行為の善悪を判断する基準は、それが生みだす快楽の量であり結果であるとものべているが、このことは、あきらかに一八世紀のイギリスの功利主義思想の先駆をなしているのである。

反省は人間の能動的力

だが、ロックの道徳哲学をたんに功利主義思想であると片づけてしまえば、そのもっとも重要な側面をみおとしてしまうことにもなる。たしかに、ロックはベンサムのような功利説をとるふしもみられるけれども、すでにのべたように、人間悟性にはもう一つの働きである「反省」があると考えていた。この点では、認識論の面でホッブズの感覚論ともはっきり異なった性格をもっている。

人間は観念を構成するとき、物体の作用を感覚をとおしてうけとめ、印象をうけるいわば受動物である。

ジェレミー＝ベンサム

物体は働くものであり、人間はこの作用をあたえられるものである。だから、感覚論のなかには能動的力はない。人間がこの感覚による印象をいろいろ比較したり、構成したりするものである。ロックはこの人間固有の精神の力をみとめる。のみならず、ホッブズとは反対に、運動の源は物体になく、むしろ精神の働きである反省にみていることである。

「われわれは物体から運動の始めに関するなんらの観念をも受けとらない。静止しているある物体は、動こうとするなんらかの能動的力のいかなる観念をもあたえない。物体が運動するばあい、その運動はその物体において能動よりはむしろ受動である。運動の始めの観念をわれわれは、自分自身のうちに通過するものを反省することからのみ得るのである。このばあいわれわれは、これを意志し心の思考によってはじめて、以前には静止していたわれわれの身体の部分を動かすことができるということを、経験的に知るのである。そんなわけで、われわれは物体の作用を感官で観察することによっては、能動的力のきわめて不完全な漠然とした観念しかえられないとおもわれる。心が能動的力に関する観念を受けとるのは、外的感覚によるよりも、心そのものを反省することによってである。」

人間は感覚をもつのみならず、心そのものを反省する。これこそ、動物と異なる人間の本性であり、人間が主体的に活動するための能動的力である。のみならず、人間はこの能動的力をもっているために、いろいろの欲望や他の諸感覚を比較したり選択できるし、また、自然界の必然的な法則にまきこまれないのであり、さらにこれを規制することもできるのである。ロックはこの力を、たんなる欲望と区別して意志とよぶ。「われわれは、ただこれこれのある特別の働きをなし、あるいはなさないように定め、またいわば命令するところの心の思考または選択によって、いくつかの心の働きおよび身体の運動を始めたり、抑えたり、続けたり、止めたりする力をわれわれのうちにみいだす、ということは、すくなくとも明らかであるとおもう。この力は、われわれが意志とよぶところのものである。」

個人がたんなる目前の欲求にかられて行動することは、経験的にみとめられるけれども、こうした行為は意志を媒介しないかぎり、自発的とはいえない。それは自然必然的である。人間は反省によって、いろいろな欲求を吟味したうえで行動するものである。感性を理性がつつんでいる点では、ホッブズとは逆である。「心がこのように定め、または命ずる結果として生ずるその働きの抑制は、自発的といわれる。そしていかなる働きでも、こうした心の思考なしに行なわれるものは、非自発的といわれる。」

人間の自由とはなにか

人間の心には、感覚でえた観念を比較したり選択するとともに、いろいろの欲求を行為に導いたり抑えたりする力がある。これが人間に固有の能動的な力であり、意志である。「あらゆる人は、おもうに、かれ自身のいろいろな行動を始めたり、抑えたり、続けたり、終わらせたりする力を自分のうちにみいだす。」

人間のみがこの悟性にもとづいて行動できるのであり、ここに自由の観念が生ずる。「自由の観念は、心の決定または思考にしたがって、ある特別の行動をなし、また抑えんとするある行為者のうちにある力の観念である。」自然界には、物体から感覚に作用がつたわり、生物は本能的に行為するから、そこには必然的な法則はあるが、自由はない。自己の意志によって行動を決定することのできる人間の世界にのみ、自由が存在する。というよりは、人間は悟性を働かせて、自然的必然性をまぬがれるのみならず、これを統制するのである。すなわち、自由とは積極的に「われわれが選びまた意志するところにしたがって、行動しまた行動しないことができることである。」ここにこそ、イギリスの自由主義思想の本質をうかがうことができる。

だからロックは、感覚的衝動のままに目前の利害にしたがって行動することを自由とみるのではない。もとより、「われわれのうちには、つねにわれわれを誘惑し、意志を決定しようとするきわめて多くの不安があるのだから、もっとも大きく緊急なものが次の行動への意志を決定することは、自然である。」人間であるかぎり、物質的な欲求や感覚的な快楽にみちびかれがちであって、ロックは一面ではこうした功利主義や快楽主義の考え方にたっている。

だが他面で、人間がこれらの諸欲望を比較し検討する能動的な心の働きをもっていることも、また経験的に明らかである。ここにこそ、欲求の満足を一時停止し判断する人間の自然があり、人間の自由がある。「心はたいていのばあい、経験的に明らかなように、いろいろの欲望のあるものを遂行し満足させることを停止する力をもっており、このようにすべての欲望についてもつぎつぎにこのことがなされるのであるから、心は自由にこれらの欲望の対象を考察し、これらをすべての方面において吟味し、また他の欲望との軽重を比較できる。ここに人間の自由がある。」

たしかに、人間は悟性の働きで欲求を支配することは、現実である。だが、ロックによれば、すべての人間がこのような悟性をあらかじめ備えているのではない。むしろ、こうしたことはあるべき人間の姿である。この点でも、ロックをたんなる経験主義だとみるわけにはいかない。理性による感性の抑制は、戦いとるべき義務である。「ある行動が停止されるあいだに、われわれがなそうとしつつあることの善悪を、吟味し判断する機会をもつ、そしてしかるべき吟味によってわれわれが判断したとき、われわれは義務を果したのであり、幸福の追求にさいしてなしうる、またなすべきことをなしたのである。」だから、この過程は人間の本性の形式であり、完成なのである。そして、このことがまたのちにとりあげられる『教育論』と『人間悟性論』とが結びついている点でもある。

理性と勤労

ロックの経験論は、このように道徳哲学を意味するものであって、自由主義思想をうちだしている。この点では、自然的世界における合理論よりも、人間的世界における合理性を基礎づけたのであって、デカルトの思想とはあきらかにちがっている。しかも、同時に、一面で感覚的経験に基礎をおいているかぎり、ロックの人間像はホッブズの人間像とはおなじ線にそっており、両者もここから社会観をうちだした。だから、イギリスの一七世紀の啓蒙思想が、政治思想や社会思想に結びついてくる理由がある。

だが、ロックの人間像はホッブズのそれとはちがって、感覚を理性で統合しようとした。もちろん、ホッブズの人間像にも理性が登場してくるのだけれども、この理性は強大な国家権力を背景としているのであり、自然状態ではむしろ感性が前面にでてきて、生存権を追求する人間が相互に戦い合うことになる。だから、ホッブズでは「万人に対する万人の闘争」というあの有名な命題が生まれたのである。

これにたいし、ロックは人間の本性が感覚を理性で抑制しているものとみているために、自然状態においても、ホッブズのように闘争状態にはならないで、相互に他人の人格をみとめ合う平和共存の状態である。この意味で、『人間悟性論』で描かれている理性的な人間は、『統治論』を形づくっている人間でもあることがわかる。ロックは『人間悟性論』の第三巻をすべて「言葉」にあてているが、その冒頭で次のようにのべている。「神は、人間を社交的創造物と定めたので、人間が同類の者たちと交際する傾向をもち、またどうしてもそうしなければならないようにしたばかりではなく、さらに社会のおもな道具と共通のきずなとなるべき言語をもかれにあたえた」と。

人間は理性をもつからには、生まれながらにして社会的動物である。『統治論』のなかでも、独立な自由な個人は他人の人格と権利を承認している。「自分が役に立つものを手に入れなくてはならないとするばあい、まったく同じ本性を他人もそなえているからには、他人のうちにも自分に似た欲求が働いていることは明らかであるから、また自分の方からもこれをみたしてやるように心がけるのでなければ、どうして自分の欲求がすこしでもみたされる道理があるであろうか。」だから、人間は自然状態からきわめてスムーズに社会にはいっていく。「個人と残りの全人類とは、一つの共同社会であり、他のすべての生物とは区別される一つの社会をつくりあげている。」

こうした人間は、「政治思想」でのべたように同時に労働する人間であり、勤労する人間である。ロックでは理性をもつ人間が勤労する人間であるから、他人と生活手段を奪いあうことなく、自分の生活を維持することができる。勤労は他人の利益を侵すものではない。しかも自分の労働によって、土地を占有する人間は人類の共有財産を減少させているのではなく、かえってこれを増大させているのである。

だが、勤労する人間はロックの市民社会では、けっして無産のプロレタリアートではなく、私有財産をもつ有産者である。ロックは『統治論』のなかで、「人間が結合して国家をつくり、統治に服することの大きなおもな目的は、その所有権の保護ということである」とのべているが、この所有権は生命と自由と財産であった。こうした財産をもつ人びとのみが、理性をもち、市民社会を構成する人間なのである。このように理性をもつ人びとは勤労する市民であるが有産者であるという点に、ロックの啓蒙主義的人間像の一つの性格がうかがえるであろう。

啓蒙的人間像への道

勤労するブルジョアジーは、行動の原理をすでに自分のうちにたくわえ、外部から国家権力によって強制する必要がない。「提示されたある善を正しく考察し吟味することによって、われわれの欲望を高めて、その善の価値にふさわしいものとすることは、われわれの力のうちにある。」このことは、明らかに市民社会内部でのブルジョアジーの、いわば独立宣言である。

しかも、人間理性が判別する善は、神の選ぶ善でもあった。「神自身も善でないものを選ぶことはできない。全能者の自由といえども、かれが最善のものによって決定されることを妨げるものではない。」ここに、理性と啓示との一致がみられるのだが、このことはピューリタン革命期におけるような絶対者たる超越神が人間を規制するという姿は、すでに歴史の舞台から消えている。むしろ、ロックのねらいはピューリタン諸派の熱狂を理性で和らげることにあり、理性でそれらをつつんで、名誉革命へと統一戦線を結成することではなかったか。『人間悟性論』第四巻の一九章「熱狂」は、明らかにピューリタン諸派への批判である。そして、啓示ではなく理性によって、再び新しい宗教を樹立することを宣言する。「理性は自然の啓示であって、それによって、永遠の光の父でありすべての知識の源泉である神は、人類に、かれらの自然の能力が達する範囲内にかれがおいたところの真理の部分を伝えるのである。……啓示に道をゆずるために理性を棄てる人は、両方の光を消すのである。」

ピューリタン革命から名誉革命にかけて、こうした人間像の転換があった。このことはすでに、一七世紀の末に啓蒙主義の人間像が生誕することを意味している。ロックは、ルネサンスにつながるケンブリッジ・プラトニスト（一七世紀の後半にケンブリッジ大学を中心に生まれた、理神論を信ずる人びと）たちと親交があった。もっとも、ロックがこれらの人びとと同じ考え方に立っていたわけではない。なぜなら、ロックは経験論の立場に立って、神に関する生まれながらの観念をすら否定したのにたいし、後者は人間の経験以前に、神の存在をみとめたからである。だが、ロックにしても、神の存在と人間の悟性とはかならずや一致するものと確信しており、いわば予定調和（ライプニッツの説であるが本来、神の秩序と人間の秩序とが一致するはずだとの見方）があった。この意味では、一八世紀の啓蒙思想家、第三代のシャーフツベリ伯（Anthony Ashley Cooper, 3rd Earl of Shaftesbury, 1671～1713）の思想（人間の本性には、他人や人類への愛情があって、自然のままにふるまえば、神の秩序にかなうと考えた）にも大きい影響をあたえたのであった。

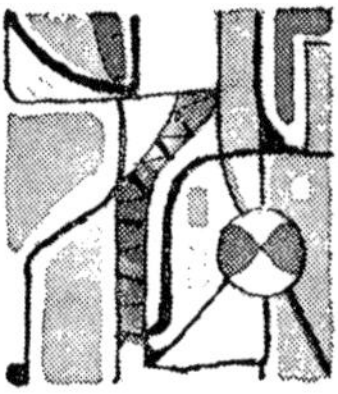

ロックの宗教思想

ロックと信教の自由　すでにのべられたように、ロックは、とくに政治思想と哲学の二つの領域で、それ以後の思想に決定的な意味をもつ業績を残した。そこには明らかに近代が力強い姿をあらわして、中世と別れをつげている。ところで、ロックには、あまり目だたないが、もう一つ重要な功績がある。それは、かれが、いわゆる「信教の自由」を確立するさきがけをなしたということである。そこで、ここでは、宗教の自由についてのロックの業績とその意義をさぐることにしよう。

こんにちでは、当然のこととされている「思想の自由」、「言論・出版の自由」、「信教の自由」などの市民的自由が真に国民の権利として確立されたのは、そう古いことではない。日本ではわずか二〇年ほどまえのことだし、世界的にみても、一八世紀末のアメリカ独立革命・フランス革命あたりからのちのことである。この二つの市民革命は、いずれも、人民大衆が絶対主義的・封建的なくびきをはねのけた一大変革であったが、ここで「信教の自由」が重要な要求として提起されたのは、この封建体制と古いキリスト教思想とが、複雑にからみあって、人民大衆を抑圧していたためであって、この間の事情を正確に知ることなしには、「信教の自由」が確立された意義も正確にはとらえられないのである。

ところで、信教の自由とはどういうことなのだろうか。これは「良心の自由」ともいわれていたが、人間はだれでも、自分が正しいとおもう宗教を、他のなにものにも束縛《そくばく》されることなく、信ずることができるということである。それは当然のこと、むしろ陳腐《ちんぷ》なことであるといういい方をするのは、それがこんにちではあまりにも人びとの常識となっているからであって、現在では、たとえば日本国憲法やソ連邦の憲法に明記されているように、信じない自由、反宗教の自由さえ保障されているのである。だが、問題はこれが一挙にかちとられたものではないということである。宗教の近代化がようやくその黎明《れいめい》期を迎えたのは、ロックが、遠慮深く、おずおずとしか発言できなかったかれ以前の先駆者たちとちがって、「わたくしが真実であると信じない宗教は、わたくしにとって真実ではなく、有益でもない」ということを、堂々と宣言したときであったといってよい。しかし、それは黎明ではあっても、日の出ではなかった。そういわなければならないのは、かれが、信教の自由、良心の自由をめぐる論争で晩年の十余年をすごさなければならなかったという理由からである。ともかく、信教の自由の歴史をたずねるとき、ロックは、ひときわ明るく輝く星なのであって、これを無視して通りすぎるわけにはいかない。そこでまず、われわれはロックがおかれていた宗教上の環境を、少しさかのぼってしらべることにしよう。

一七世紀の宗教事情

さきにのべられているように、イギリスの宗教改革はきわめて不徹底なものであった。ローマ法皇の支配を脱して国教会を設立するという政治的な目的が先行し、神学や礼拝の改革がこれにつづくという事情にあったからである。信仰の実質はほとんど変わらなかったといってよい。それでも、エリザベス一世時代（一五五八〜一六〇三年）になってようやく改革にともなうあらしはおさまり、国教会も安定したものとなったが、このころになるとまた別の問題もでてきた。それは大陸から移されてきたカルヴィニズムが、一六世紀以来実力をたくわえてきていたヨーマン層のあいだに広まり、いわゆるピューリタンとして清らかな禁欲生活を尊重し、国教会のなまぬるさを批判したことである。かれらは、自分たちが経済活動の中核であるという自覚にもえていて、政治や文化活動にも積極的であったし、一七世紀にはいると、議会のジェントリ層と結んで、強力な反国王運動・反国教会運動を展開した。これがついにピューリタン革命の爆発となったことは、すでにのべられたとおりである。

しかしながら、クロムウェルを頂点とするピューリタン勢力が革命の主導権をにぎるようになると、従来の国教徒対ピューリタンという対立は、ピューリタン内部の分派の対立におきかえられてしまった。旧来の封建的地主の勢力は国王の処刑とともに後退したが、ピューリタンの右派であった大ジェントリやロンドンの資本家たちは長老派として、地方の小ジェントリは中間派の独立派として、また左派の職人・労働者・貧農たちは一括して分離派とよばれる諸派――これらはセクトとよばれた――として、それぞれ自己主張をはじめたわけである。革命の指導者クロムウェルは、宗教的にはピューリタン中間派たる独立派の指導者であり、適確な判断力とその抜きんでた政治力で政権の安定をはかったが、以上のことから、革命政権の基礎が必ずしも強固なものではなかったということがわかるだろう。こうした事情であったから、革命政権が支配した十余年は、弾圧と抗争、妥協と取引のくりかえしであった。一六六〇年、王政復古が実現したとき、宗教上の争いはもうたくさんだとおもっていた人びとは、安堵《あんど》の胸をなでおろしたことであろう。もちろん、ロックもそのうちの一人であった。

ところで、王政復古期の宗教勢力をみると、おおまかにいって次の三つがあった。第一は、苦闘の二〇年をへてようやく政権にかえり咲いた国教徒の右派勢力であって、これは社会的には封建的な地主勢力である。第二は、国教徒の穏健派とピューリタンの右派で、社会的にはロックのような小ジェントリや貿易業者、独立生産者が多かった。第三の勢力がピューリタン左派のセクト勢力であり、これはクロムウェル時代の弾圧・迫害によってかえって信仰を強め、狂信的にすらなっていた勢力である。そのうち、第一の勢力は「あつものにこりてなますを吹く」のたとえもあるように、一括してクラレンドン法典とよばれるいくつかの法令をだして、ピューリタンの勢力をほうむり去るのにやっきとなった。そのために新しい問題がおこってきたが、それは、国富の増大に重要な役割を演じつつあったピューリタンの中産市民、とくに貿易業者・独立生産者が、非国教徒であるというただ一つの理由で、クラレンドン法典にしばられて、社会的にほうむりさられたり、あるいはその活動がきびしく制限されたりするようになったということだった。問題はそのことの是非《ぜひ》にかかっていた。

そもそも、一七世紀の前半にオランダが繁栄をきわめたのは、そこでは宗教的自由が認められていたために、カルヴィニズムの流れをくむゼー＝ゴイセンといわれた勤勉な貿易商人たちが自由に活躍できたからであるが、このオランダに追いつき追いこすことがイギリスの課題であるとすれば、ピューリタン迫害の政策は、重大な誤りを犯していることにならないか。心ある人びとにとって、従来の宗教観はあまりにも狭いものであったし、一つの信仰にこりかたまって大本《おおもと》を誤っているとしかいえないような政策は、なにか肌寒いものを感じさせたにちがいない。信仰の問題は個人のすきなようにさせるがよい、商売はまた別のものではないか――これが、王政復古ののち、ようやく調子をあげてきた現実主義者の叫びであった。こうして「商売は商売、信心は信心」というスローガンがかかげられるようになる。ロックが宗教の問題について真剣に思索したのは、このような環境のなかにおいてであった。

ロックの宗教思想の形成

ロックの宗教思想をみるとき、われわれはそれが二つの側面をもっていることに注意しないわけにはいかない。その一つは、一般に宗教的寛容といわれるもので、これは国家や個別集団ないし個人が、いろいろな信仰にたいして、特別なばあいのほかは干渉してはならないという主張であり、いわば政策の側面をあらわす。もう一つは、守旧派の教会人との論争の結果うちだされてきた神学の側面であって、これはロックの聖書解釈と聖職者批判が中心となるであろう。このうち、ロックがほとんど全生涯の問題としたのは前者であるが、後者は晩年の宗教論争のなかで生みだされたものであった。そこでここでは、その前者を中心としてロックの宗教思想をみていくことになる。

ところで、ロックが宗教的寛容の問題に心をむけるようになったのは、学生時代に、寛容の徳を説いてやまなかったウェストミンスター＝スクールの校長リチャード＝バズビーや、オックスフォードのジョン＝オーウェンらの影響を受けたからだといわれている。だが同時に、革命期の宗教的狂熱がひきおこしたかずかずの流血事件が、人間愛の精神にもえたかれの心を暗くしたからでもあったであろう。このようにして、ロックは個人の信仰にたいして理解を示すゆたかな人間となり、また全体としての宗教問題についても幅の広い態度をもつ人間に成長していった。同時にこのころから、かれは自分が育てられた家庭のピューリタニズムから離れて、国教会の信仰に移っていったようである。かれのこの立場、すなわち国教会の信仰をもちながら、他の信仰にたいしてもゆたかな包容力をもつ思想の立場を広教主義という。

さて、ロックが宗教的寛容をあつかった著作は、小さなメモや断片をのぞけば、二つある。一つは、一六六七年、シャーフツベリ家にはいってまもないころ書かれた『宗教的寛容論』であって、――これは一九世紀の末まで印刷されなかったけれども、このなかでロックの寛容思想の骨組みがすでにできあがっている。他の一つは、有名な『宗教的寛容に関する書簡』(以下『寛容書簡』という)である。これは、オランダ亡命中の一六八六年、アムステルダムで知りあった自由主義神学者のリンボルクあてに書かれた

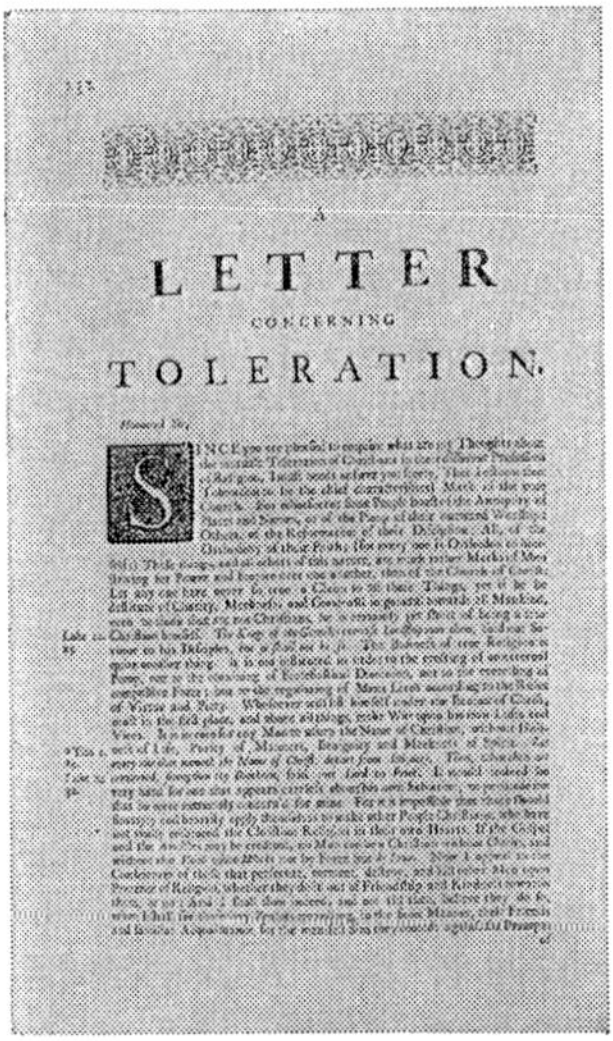
A
LETTER
CONCERNING
TOLERATION.

『宗教的寛容に関する書簡』の第1ページ

ラテン語の手紙であり、三年後の一六八九年春、オランダのフーダで、匿名《とくめい》のまま出版された。ところがその後、ユニテリアン（キリスト教の伝統的な三位一体の神をみとめない、革新的な信仰をもつ人びと）であり、商人・著作家でもあったウィリアム＝ポップルという人がこれを英訳して、同年の秋、ロンドンで出版した。これは、信教の自由を当時の状況に合わせて主張したものであり、一般の中道的な意見の人びとまでもロックの側に立たせることになったが、それだけに批判や反対が強かったのもやむをえなかったろう。実際問題としてロックがしなければならなかった仕事は、まわりの人びとの心のなかに寛容の精神を吹きこむことではなく、むしろ、当時の知識人のあいだで広く受けいれられていたこの思想を実践に移そうとする人びとを助け、さらにまた、合法的な制度のなかにこの精神を具体化することであった。

ロックのこの仕事に反対して、激しい非難・攻撃を加えてきたのは、国教会右派の神学者ジョナス＝プロートであった。一六九〇年の『第二寛容書簡』および一六九二年の『第三寛容書簡』は、かれとの論争の結果書かれた著作である。そして、一七〇四年の『第四寛容書簡』はロックの絶筆となったものであって、これは、ほんの序論だけしか書かれていないけれども、一七〇六年に出版された『ジョン＝ロック遺稿集』におさめられている。

神学についてのロックの著作のうち、重要なものは、一六九五年に出版された『キリスト教の合理性』である。その内容についてはのちにのべるが、これも右派の神学者ジョン＝エドワーズの批判をうけた。ロックはこれに答えて反批判を行ない、両者はずっと論争をつづけている。それらと並行して、『人間悟性論』をめぐる、ウースター主教エドワード＝スティリングフリートとの長い論争も行なわれ、ロックの晩年の著作活動はきわめて活発なものとなった。それらの論争を行なっているうちに、かれは聖書の福音書以外の部分についても、くわしく研究する必要があると感じたようである。やがてパウロの書簡に焦点を合わせた研究がなされたが、これは、没後三年目の一七〇七年に『パウロ書簡講解』として、まとめて出版された。

常識人・ロック

ロックの思想は、とくにすぐれてイギリス的であるといわれている。公平・総明・穏健・着実といった言葉は、かれのためにつくられたかのようだという人もある。「歩きながら考える」イギリス人の思想は、つねに生活の現実と密着しているわけであるが、悪くいえば、それは常識にすぎないということにもなろう。しかし、常識がなかなか現実のものにならない社会においては、それはときには革命をよびおこすことにもなるのである。ロックは常識という言葉を人間にしたような人であった。よい意味でもわるい意味でも、ロックは常識人なのである。

だから、ふつうに哲学といえば、眉のつけねにしわをよせた深刻な学者の表情を連想するが、ロックの哲学上の主著『人間悟性論』は、ロックの哲学思想ですでにのべられているように、茶の間での社交的談話が動機となって書かれたものなのである。われわれが必要以上に深刻に考える哲学は、ロックにおいては、ごくありきたりの話題なのであり、特別な心がまえを要することではなかったのであろう。ロックのサークルの知的水準が高かったのだといってしまえばそれまでであるが、しかし、ロックみずからが「われわれの問題は、すべてを知ることではなく、われわれの行為に関係していることを知ることである」といっているのをきけば、かれらが深刻ぶった話ばかりしていたのではないということはわかるはずである。

ところで、われわれはロックが語っている茶の間での談話の内容に注意したい。さきにもふれられているが、それは、神の存在とか信仰のありかたとかいう宗教の問題、さらには道徳とはなにかというような問題だったようである。ロックは、こういった問題から根源に立ちかえって、人間の認識能力の研究にむかったわけであるが、ここでは別の側面から次の二つのことを問題としなければならない。その一つは、当時において宗教の問題は、日常の会話のなかでしきりに話題とされるほど身近なものであったということである。こんにちのわれわれとのあいだに横たわる三〇〇年の時代の差は、その意味では決定的であり、この点を忘れると、当時の人びとのもっていた考えや思想を正しく理解することはできないであろう。もう一つは、信仰を第一義とする宗教が談話や討議の対象とされていたということである。ことの是非善悪を理性的に判断することが談話や討議の最終の目的であるから、これが中世だったら、あるいは一六世紀だったら、まずふつうの家庭でそうした問題を話しあうようなことはしなかったであろう。なにもいわずに信じよというわけで

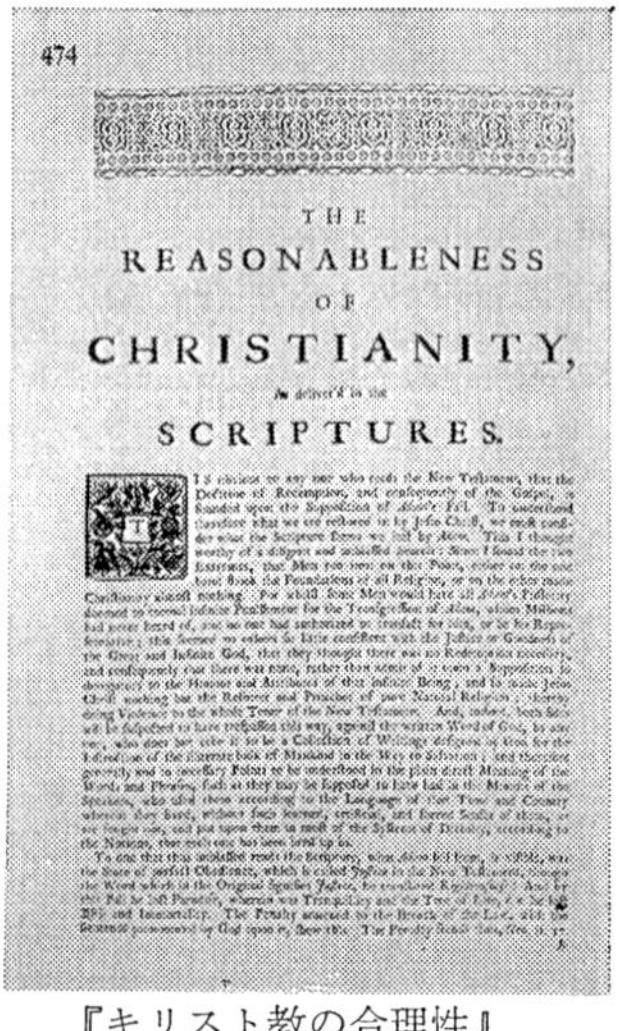
474

THE
REASONABLENESS
OF
CHRISTIANITY,
As deliver'd in the
SCRIPTURES.

『キリスト教の合理性』の第1ページ

ある。それだけロックの時代は変わってきていたのである。

さて、ここでわれわれはいまのべた第二の問題に関連して、信仰と人間理性との関係についてしらべてみなければならない。ロックの宗教思想の原理は、その関係をごく常識的にとらえることによって生みだされたものだからである。

神・人間・理性

ロックは人間を「理性的動物」と定義している。この言葉は、人間が、一方では、とくに神にえらばれたものとして理性をあたえられ、神の英知を地上に実現しうる能力をもつということを意味するが、同時に、他方では、神によってつくられた他のすべての動植物や無生物とおなじように、不完全でもろく弱い存在であり、どうにもならない限界をもっているということをも意味している。人間はそうした二重性をもつものであるが、このときロックが前提としている神は、あらゆる善意をもって人間にのぞみ、より快適で道徳的な生活をさせ、さらにより広い知識をえさせるために、つねに暖かい援助を惜しまない神であった。その愛情の証《あか》しが人間にあたえられた理性であり、したがって、理性は人間生活における羅針盤、「人間にあらわれた神の声」なのである。

このことから、人間のなすべき義務はおのずから明らかになるであろう。それは、一般的にいえば、天地を創造し給うた神の英知に参与すること、具体的には、理性を生活原理として平和で住みやすい社会をつくることである。そして、その仕事は全面的に人間にゆだねられる。なぜなら「神は人間に理性と手と材料をあたえたのであるから、なにもわざわざ橋や家をつくってやる必要はない」からである。したがって、神にあたえられた理性能力を実際に活用して現在の社会をつくりあげた人間は、その社会のありかたや問題点について全面的な責任を負わなければならない。ところが、その問題点は、いうまでもなく、数えればきりがないくらいに多いのである。どうしてそうなのか。ロックによれば、それは、あたえられた理性を実際に活用すべき人間がはなはだ不完全であること、いいかえれば、現実の人間理性はきわめてかぎられた力しかもっていないということから起こる。もしもそうであるならば、人間のよって立つべき原理としての理性は、羅針盤としての役割を果たしえないということにならないだろうか。ところがロックにおいて、理性は「あらゆることがらにおけるわれわれの最後の審判者であり指導者」なのである。その間の断層をかれがどうらずめたかが、次の問題となる。

ロックは「確実な知識と蓋然《がいぜん》的な知識について」と題する『人間悟性論』の第四巻や神学上の問題をあつかった『キリスト教の合理性』その他の著作において、しばしば人間のもろさや弱さ、不完全性について語っているが、しかもそのように語るかれのことばは、全体としてみると、あふれるような人間愛を感じさせる。それは、いうまでもなく、人間にたいして惜しみなく愛情をそそぐ神への、ゆるぎない信頼の念から発したものである。別のいい方をすれば、かれが語る人間の背後には、つねに影のように神がついてまわっているといってよいであろう。したがって、弱く不完全な人間がことごとに限界につきあたって悩むとき、神が人間に援助の手をさしのばさないはずはなかった。だが、それはいったいなにによってなされるのだろうか。

この問は、神と人間をつなぐものはなにかということである。これにたいする解答としてロックが示したものは、啓示と信仰であった。前者は提示する神の側から、そして後者は受ける人間の側からいわれるものである。かれによれば、信仰とは「ある命題が、特殊な通知法によって神からくるものであることをみとめ、それを提示するものを信用すること」である。われわれ不完全な人間に、絶対の真理をあらわすこの方法が啓示であった。したがって、ここにおいてもっともたいせつなことは、信仰と理性の境界をはっきり定めることであろう。なぜなら、その境界がはっきりしていないと、大混乱とまではいかなくとも、深刻な論争や誤った主張がなされるだろうし、またそれが決定されるまでは、宗教問題で議論して相手を納得させようとしても無益であるだろうからである。

さて、ここでいわれる信仰と理性の二元論は、ロックの宗教思想のなかでどういう意味をもつであろうか。両者の境界をはっきり定めるということは、具体的にいえば、世界を理性のはたらきのおよぶ領域と、理性をこえた領域とに分けるということになろう。かれによれば、啓示によって人間に提示される真理がほんらいの信仰の対象である。ところが、それらの啓示は、たしかに、不完全な人間の理性がこうであろうと推論することにまさるものであるが、しかもなお、それらが真の啓示であるかどうかを、さらにまた、それを伝える言葉の意義を判断することは、やはり、われわれ人間に与えられている自然の能力、すなわち理性の仕事であろう。なぜなら、それよりほかに考えようがないというような、明白な理性の指示に矛盾するようなことを、すべてこれらは理性に関係のない信仰上の問題であるといって主張することが、正当にみとめられるとはとうてい考えられないからである。ロックによれば、それこそかずかずの流血事件をひきおこした狂信にほかならなかった。こうしてロックは、宗教を含めた人間生活のすべての問題を最後に判断するものは理性であると断言する。神が人間に啓示をあたえて新しい真理を教示するとき、すでにあたえている理性、すなわち自然の光を消してしまうようなことをするはずはないというのである。だから、理性は「あらゆることがらにおけるわれわれの最後の審判者・指導者」なのである。

　ロックの理性主義とは、およそ以上のようなものであるが、その理性観＝人間観は、歴史的にみて、どのような役割を果したであろうか。端的にいえば、それはきわめて効果的な両刃《もろは》の剣《けん》として作用したといってよい。すなわち、それは一方では時代の動向にとり残されていながらも、なお巨大な勢力として残っていた古い教会勢力を、他方では、ファナティックなセクト諸派の狂信を、ともにおさえるための理論となったのである。それはまさしく中道的立場をとる合理主義であった。そこでは鋭い理性の刃《やいば》は敬虔《けいけん》な信仰の真綿《まわた》にくるまれていた。だから、一八世紀イギリスの天才的な哲学者ヒュームの眼には、ロック理論はごまかしにうつったのであろう。「ロックは、信仰が一種の理性にほかならず、宗教が哲学の一部門にすぎないということを断言しようとした最初のキリスト信徒である」というヒュームの言葉は、ロックの宗教思想の批判のなかで、もっとも鋭いものの一つであった。

さて、いままでのべてきたように、ロックは理性主義の原理によって、人生のすべての問題に対処していこうとする。もちろん、それはきわめて具体的な日常の問題にも適用すべき政策原理となるであろう。ところが、人生の問題は、結局のところ、二つになるのであり、そのいずれにも理性は基礎的な判断の原理として働くのである。

国家と教会

いまのべたように、現実を生きる人間の関心は、つねに二つのことにかかわるとロックはいう。すなわち、現世の生活に関することと来世の生活に関することである。この二つはけっして混同されてはならない。「なにごとにもまして必要なことは、社会政治の問題と宗教の問題をはっきりと区別し、両者のあいだに正当な境界線をひくことである」とロックはいう。いいかえれば、政治問題と宗教問題は、まったくちがった性質と領域の問題として、完全に分離されなければならない。そのうちの前者は国家が、そして後者は教会がこれをとりあつかう。両者のあいだには直接の関連はないのである。ここで、国家と教会の本質が問題となる。

まず、国家について考えてみよう。ロックによれば、国家とは社会的・世俗的利益を獲得し、確保し、またこれを増進させることだけを目的として組織された人間の社会である。このばあい、社会的・世俗的利益とは、生命・自由・健康・身体上の安楽であり、また土地・家屋・家具その他の財産を所有することであった。こうして、ロックは国家存立の基本条件として人間の地上の幸福を考え、国家を代表する統治者の義務は、社会生活の安全のために制定された法律を、公平な立場で執行することにあるとする。だから、統治者にあたえられている権力は、社会的・世俗的事項という基本的な枠《わく》を一歩もふみこえることはできないのである。

ところで、国家を構成しているものは、ひとりびとりの人間である。だが、統治者はそれらの人間の霊魂の救済という問題にけっして介入してはならない。なぜなら、来世において救われたいと思い念ずるものは個々の人間であるのに、その個人の信仰を、統治者が法律や刑罰で律しようとしても無意味だからである。すべて真の宗教の生命と力は、完全な、心からの確信から生まれるものであって、自分の霊魂の救済を念ずる自発的な意志、すなわち信仰なくしては、いかなる意味においても救済はありえないであろう。統治者が刑罰の恐怖で人びとに十字を切らせ、アーメンと発音させたところでなんの役に立とう。ロックはそういうのである。

こうして、信仰の座は、まず自分の霊魂の救済という問題を考えるようになった独立の個人の胸の奥深くに確固とした礎石をあたえられる。その信仰が外的にひらかれた組織が教会である。教会とは、人びとが同意してつくった自発的社会であって、その目的は神を公に礼拝し、それによって霊魂の救済、すなわち永劫《えいごう》の生をうることであるとロックはいう。したがって、教会のばあいも国家のばあいと同じように、理性的に判断する自由な人間が契約によってつくったものである。だから、だれ一人として、生まれながらにして特定の教会、あるいは宗派によって信仰を規制されることはない。また、どんな人間でも、自分がよしと判断する教会に自由に参加することができるのである。逆にまた、自分の判断で、いままで属していた教会から脱退することも、さらに同志の人とともに新しい教会をつくることも、完全に自由であるはずである。ロックによれば「良心の自由は各個人の自然権」なのであり、これを犯す権利はだれにもないのである。

寛容の限界

本章のはじめにふれた「わたくしが真実であると信じない宗教は、わたくしにとって真実ではなく、有益でもない」というロックのことばは、右にのべた国家・教会観から生みだされたものである。これを裏返していえば、自分の霊魂の救済は、みずからの理性的判断によって裏づけられた信仰がなければ不可能であるということになるであろう。もちろん、これははっきりした信教の自由の要求であるが、そこでたいせつなことは、かれが宗教の内面化・信仰の個人化を主張したことが、現実の結果としては、自由な社会における自由な教会を主張することになったということである。ここにロックの宗教思想のもつ近代性がある。だが、他のすべての思想家とおなじように、かれもまた時代の子であった。なぜならかれは信教の自由を主張するさいに「なんらかのかたちで他人の社会的世俗的生活を阻害《そがい》しないかぎり」という留保条件をつけていたからである。

一般に宗教的寛容というとき、それは不完全な信教の自由を意味する。すなわち、寛容というばあいには、全面的な信教の自由を制約するなんらかの条件がつけられている。しかし、だれがこれを制約するかといえば、それは政治権力ないしこれと一体となっているある特定の勢力である、とするのが常識であろう。そういうわけで寛容は党派的なものとなる。国家が宗教的信条によって動くことは危険であるという意見が一般の人びとの間に広まってきた一七世紀の末葉、さらにいえば、人びとが究極の原理を宗教に求めることをやめようとしていたこの時期に、ロックは寛容の問題に決定的な解答をだしたのであるが、そこには、のちにふれるように、いままでとちがった党派性がみられるのである。

さて、ここでロックが規定する寛容の限界をたずねよう。かれが国家によって寛容されてはならないとした個人ないし教会は、次の五項目のどれかに該当《がいとう》するものである。

(1) 市民社会の保全に必要な道徳的諸法則を認めないもの。
(2) 宗教のかげにかくれて共同の利益を無視するもの。
(3) 宗教問題についての他の人の意見を寛容しようとしないもの。
(4) よその国家と結びついて、祖国イギリスの国益に反するもの。
(5) 無神論をとなえるもの。

以上の五項目に共通していることは、それらがいずれも非宗教的な意味あいをもつものであるということである。公共の平和と社会の保全を第一とした常識人ロックの中心問題が、政治や政策の問題であったことを思えば、それはただちにうなずけるであろう。一見するとそうでないようにおもわれる最後の無神論者への不寛容も、無神論が道徳をくつがえすものだという信念からでているのであって、無神論に関するかぎり、それはたんなる意見にとどまらないとロックはみるのである。いいかえれば、宗教的信念がそとにあらわれて直接に社会・国家の平和や利益をおびやかすとき、すなわち、信仰が事実の面において社会的・政治的な害悪をひきおこすとき、それは社会秩序の名において抑圧されなければならないのである。ことに、第四の規定で暗黙に予想されているカトリック教徒への不寛容は、もっとも政治的なものであって、名誉革命の原因やその前後の英仏関係史の裏面を知るものは、このロックの思想のゆがみを寛容せざるをえないであろう。

他方、現実の信仰者である個人からこの寛容論をみれば、信仰がほんらいの領域をはずれて社会的・政治的なまさつをひきおこすようなことさえなければ、どんな信仰をもってもよいということになる。したがって、ロックは『寛容書簡』の全編を通じて、うむことなく政治権力による信仰の規制を攻撃した。「異教徒はもちろん、イスラム教徒・ユダヤ教徒でさえも、その宗教のために市民権を奪われることはない」とかれはいう。それだけにまた、これにたいする守旧派の怒りと攻撃は激しかった。だが、ロックもまた一歩も譲らず、信仰と理性、教会と国家の二元論をふりかざしてこれに応戦し、教会権力の正当性を強弁する旧思想を打破しようとしたのである。

聖書解釈と聖職者批判

いままでのべてきたように、ロックは現実的な政策マンであり、現実の状況から理論を案出する実際家でもあった。そして、その根本目標は、人間社会の生活条件の改善におかれている。ロックはそうした便宜主義ですべてをみていくのである。だから、信仰生活の中心であった聖書も、ただうのみにするのではなく、再検討されなければならなかった。これは、再検討というよりは、むしろ聖書批判であったといってよい。それがロックの神学を形成する。

もとより、ロックはほんらいの意味での神学者ではなかった。だから、一六〇〇年以上もの年月の間に精緻《せいち》にくみあげられてきた神学の体系に無縁であったかれは、ただ神の善意と愛情へのゆるぎない信頼と、ゆたかな人間愛にもとづく良識によって、すなおに聖書を読み、その意味を感じとろうとしたのである。その意味で、かれの神学上の著作『キリスト教の合理性』と『パウロ書簡講解』は、いわば、理性主義的聖書解釈、さらには非理性的聖職者の批判の書であるといってよい。

さて、ロックが旧来の神学者たちの意見に毒されることなく、健全な常識人として聖書を検討したのちにひきだした結論はどんなものであったであろうか。かれによれば、聖書は、神が愛する人間にあたえたことばを集録したものであり、したがって、ごくふつうの理性をもった人間なら、だれでも十分に理解しうるはずのものである。だから、その核心は単純明快なものでなければならない。こうして、ロックはキリスト信徒として絶対に信ずべきものは、次の二つしかないと断言する。

(1) 一人の、永遠な、眼にみえない、天地の創造者たる神が存在すること。

(2) ナザレのイエスはメシア(救世主)であり、神が約束した支配者・主であること。

ロックによれば、これがキリスト教の教義の中核となるべきものであった。したがって、旧来の教会生活で重要な部分をしめていた三位一体の教義や、これに付随する信仰告白などのさまざまな儀式、さらには階層的な教会制度などは、神のことばである聖書にはなんの関係もない非本質的なもの、聖職者のエゴイズムによる不当な強要として否定されるにいたった。われわれ人間は、聖職者がなんといおうと、ただ神の呼びかけをきき、これに答える信仰心をもてばよいというのである。こうして、かしゃくのないロックの聖職者批判が展開されることになる。

もともと、ロックはすべての人間があたえられた理性を理想的に用いて、正しい判断をなしうると信じていたわけではない。神の善意と愛情についてオプティミスティックであったロックではあるが、この点だけについていえば、むしろペシミズムに傾いていた。かれによれば、世間の一般大衆は、理性を用いることがあまりにも少なく、感覚的快楽や不注意によって精神を盲目にされている。すべてにおいて理性的で、よくものを考える人がいないわけではないが、その数はまことに少ない。その原因はどこにあるのだろうか。ここにロックは、一般大衆の理性的生活を妨害《ぼうがい》するものとして、内外二つの要因をあげる。内的要因は個人的な欲求・情念・悪徳・まちがった関心であり、外的なものは、旧来の聖職者や支配者である。そのうち、前者は人間の弱さ・不完全性に由来するものであるが、問題は、後者が民衆を誤らせて、神についてまったく誤った意見をもたせ、つまらない儀式を強制して支配権を維持しようとしていることである。これこそ宗教からその真の生命である信仰と悔い改めの精神を奪うものではないか。ロックはこのように論じて、われわれ人間が理性の命令にしたがうべきことを、くりかえし強調するのである。

右にのべてきた聖職者批判の原理を考えてみると、それは政治権力をもって宗教問題に介入しようとする統治者をまっこうから批判したのとおなじものであることがわかるであろう。信仰は個人の理性的判断にもとづいて心からなされるときにのみ真のものであるというロックの確信は、信仰・宗教を個人問題に還元し、同時に、国家権力からも、聖職者の支配からも自由な近代的宗教人を生みだしたのであった。そしてまた、それは、まだ十分に分化していない従来の政教両権を分離する原理ともなったわけである。こうして、真に近代的な信教の自由への決定的な第一歩は、自由な社会における自由な教会というロックの主張からふみだされていくことになった。

「宗教の時代」から「理性の時代」へ

一般に、一八世紀は「啓蒙の時代」・「理性の時代」といわれている。そしてその時代は、名誉革命の時点にまでさかのぼって説きおこされるのがふつうである。また啓蒙主義の思想運動が、とくにフランスを中心として花咲いたとき、批判の対象となったものが古い宗教意識であったことも思想史を学ぶものの常識である。そして、この啓蒙主義的宗教批判の原理は、いままでのべてきたように、ロックがうちだしたものであった。こうして「名誉革命の哲学者」ロックは「啓蒙の父」といわれることになる。このことをもうすこし立ちいって考えてみよう。これは、歴史的にみて、ロックの宗教思想がどういう意味をもったかということである。

まず、「あらゆることがらにおけるわれわれの最後の審判者・指導者」としての理性からみていこう。この理性は、現実には、なにを意味していたのだろうか。ロックの最大の関心事が人間社会の生活条件の改善にあったことは、すでにのべたとおりであるが、そこから考えれば、理性は、すべての人が生まれながらにもっている、日常的世界における計量・計算の原理、あるいはその能力ということになろう。だから、理性は神によってあたえられた自然法なのである。しかも、そのとき考えられていた計算の基準は、生活の便宜なのであった。「自然法」は「便宜の法」でもあったわけである。こうなると、その「自然」はもはや中世的な神の命令ではなく、直接的な人間の欲望を意味するようになる。こうした「自然」観念の変化こそ、地上の人間、すなわち世俗的経済人が旧来の神学から独立したことによって生まれたものなのである。そして、これを現実の政策で保障するためにうちだされたものが、ロックの寛容についての考え方であった。

してみると、ロックが強調した宗教的寛容は、歴史的にみると、二重の意味ではたらいたことがわかる。一つは、内なる光を信ずるものにとって強制は非道であるという、当時すでに多くの知識人の常識となっていた思想を理論化し、これを国民全体のものとしたことであり、これは、いうまでもなく、人間の信教の自由に関係する。他の一つは、ロックが暗黙のうちに積極的な意味をあたえたもの、すなわち、人間の世俗的経済活動が宗教の教義や戒律から解放されたということである。かんたんにいえば、ロックの寛容論において、原理的な信教の自由は確立され、同時に、世俗的分野における活動の自由も確立されたのであった。それは、宗教的個人主義が世俗的経済人の便宜主義と結びついたということでもある。別の見方をするならば、宗教と経済的利害とは、二つの、べつべつで同格の領域をなすものであり、そのいずれも、正当の理由なく他の領域を犯してはならないという二重真理説が、ロックの宗教思想とともに、完全な勝利をしめたということにもなろう。まさしく「商売は商売、信心は信心」なのである。

そもそも、一七世紀の思考法がきわめて強い宗教的色彩をもっていたのに、一八世紀になると、思想のあらゆる領域で、驚くほどの世俗化がなされたのはなぜか。それは、一言でいうならば、自由の主張の力点が変わったからである。すなわち、ロックの寛容論の勝利によって、社会の現実面において要求される自由の内容は、一七世紀的な宗教的自由から一八世紀的な世俗的活動の自由へと力点をうつしてしまっていたからであった。一七世紀の後半、イギリスの経済・通商活動の範囲が拡大するとともに、宗教紛争に疲れていた国民は、それどころではないという気になっていたのであろう。オランダとの、ついでフランスとの抗争は、政治的・経済的要因の比重を増大させ、宗教的要因を大幅に後退させることになったわけである。さきにもふれたように、経済的繁栄をになう貿易業者・独立生産者が大部分非国教徒であった当時において、迫害か寛容かの問題は、実は信仰のありかたに関する理論だけの問題ではなく、国家的利益についての、理性による比較・計量の問題ともなっていた。むしろ、国民の実感としては、後者の重味がはるかにまさっていたといってよい。だから、やがて、一六九五年に通商弁務官に就任することになるロックが、宗教的寛容を強調したのも当然であった。そして、これからのち、宗教が国家の政策を決定するもっとも重要な要因となることはなくなったのである。

さらに別の側面から、もう一度いまの問題を考えてみよう。ロックの理論は、とくにすぐれて政策的理論であった。政治権力による制限という問題だけをとりあげてみても、寛容は最善のものではなく次善的なものである。しかし、さしあたっては寛容からはじめるべきではないかという新興中産市民の要求を代弁していたロックは、まさしくブルジョアジーのための理論家であったといってよい。さきにふれた党派性というのは、このブルジョア的党派性のことなのである。だから、そこには徹底した理論はなく、妥協的であるという批判はあたっている。だが、クラレンドン法典にあらわされた非寛容＝迫害の政策が、非国教徒の足かせとなって国益の増進をマイナスしているとすれば、逆に寛容は国家の便宜というものではないかという人びとの声なき声があったのであり、実際家のロックがきいていたのは、実はこの声だったのである。したがって、それがロックによって理論化され、名誉革命ののちに「寛容法」が施行されて以来、従来のとげとげしい宗派の対立は緩和され、国富の蓄積もすすんで、「寛容はもっとも成功した戦術である」といわれたのであった。そして、時代のうつり変わりとともに、やがて真の信教の自由への道が開かれていくことになる。一八世紀のはじめになると、宗教はなお重要な人生の問題ではあるが、狂信的な情熱によるよりは理性にもとづいて、また武力によってよりは、言論によってこれを守るようにすべきであるとする時代風潮になっていたのであった。

こうして、ロックの宗教思想は「宗教の時代」をあとにして「理性の時代」へとすすむ人びとの指標となった。そして、この時期以後、知識人の間で宗教が論じられるときには、人知を超越した啓示や奇跡、また礼拝様式の国民的統一や教会組織のありかたといった一七世紀までの問題ではなく、ロックがはじめて意識的にうちだした自然科学的理性と、信仰との調和の問題が中心となるであろう。今日の宗教論もこの問題をめぐってなされているわけであるが、一七世紀において、そこまで問題を整理することのできたロックという人は、やはり凡俗の人ではなかったといわなければならない。理性第一主義を説きながらも、信仰の超自然性や啓示の重要性を強調したこと、さらに寛容論において、無神論者やカトリック教徒を除外したことなどは、たしかにロックに残る非近代的要素であるが、全体としてみるとき、それらは太陽の黒点に類するものではあっても、けっしてその光を弱めるものではないというべきであろう。

ロックの教育思想

二つの教育論

ロックには教育論が二つある。ひとつはジェントルマンの子どものための教育論であり、もうひとつは貧民の子どものための教育論である。このように二つの教育論をもっているというところに、ロックの教育思想の最大の特徴がある、といってよい。

ジェントルマンのための教育論は、ロックがオランダへ亡命していたときに、エドワード＝クラークという友人のために書いた手紙をもととして、一六九三年に『教育についての考察』という題で出版されたものであって、クラークにあてた献辞のなかで、この教育論がジェントルマン階級のためのものであるということが、はっきりと書かれている。もう一つの貧民のための教育論は、教育論として出版されたものではなく、一六九七年に貿易植民委員会が政府へ提出した報告書のなかにふくまれているものであって、そのうち救貧法改正についての提案が一種の教育論とみることのできるものなのである。この報告はロック個人のものではなく、委員会として提出したものだから、そのうちのどれだけがロック個人の考えかわからないともいえるけれども、しかし委員会のなかでロックが原案を起草し、それがそのままみとめられたといわれているから、ほぼロックの思想をあらわしたものとみてよい。

この章ではまずロックの教育思想をこの二つに分けてゆき、そのあとで両方をまとめて考えてみることとしたい。

ジェントルマンのための教育

ロックの哲学思想でのべられたように、ロックは人間というものは生まれつき「白紙」だと考えた。もちろん、人間には能力、才能のちがいがあるのだから、みんながおなじように育ってゆくとは考えられないけれども、しかし「白紙」のような人間にどんな知識や習慣が植えつけられてゆくかは、おもに教育の力によるのであって、そういう意味で教育というものは大へん大きな力をもつものといえるだろう。ただ教育はひろい意味で考えれば、社会環境の影響などもそのなかにふくまれるから、人間形成のうえで環境の果たす役割も無視できないのだけれども、ロックはそこまでは考えていない。環境はあたえられたものとして、そのなかで教育の方法を考えるのがロックの立場である。貧民教育については環境の問題が少し考えられているが、ジェントルマン教育については環境の問題を無視しているところに、ロックの教育論の第二番目の特徴があるといってよいだろう。それはたぶん、ロックがジェントルマンの地位とか身分、あるいは現状についてあまり疑問をもたず、まったくありまえのものと考えていたためであろう。

当時のイギリスの教育制度はまだまったく不統一なもので、全然教育をうけないものもあり、少し上流の家庭では子どもを文法学校《グラマースクール》という学校へいれ、つづいて大学や法学院などの上級学校へいれるのがふつうであったが、もっと上流の、たとえば貴族の家などでは、学校にはいかせずに家庭教師をつけ、二〇歳前後になるとフランスやイタリアへ留学させるというやり方がとられていた。こういう留学は、外国でちっとも勉強しないで悪いことばかり覚えてくるといって、評判はよくなかったが、当時はまだイギリスよりもイタリアやフランスのほうが学問や文化の中心と考えられており、ちょうどいまの日本人がアメリカやヨーロッパへゆきたがるように、金持ちの子どもはたいてい外国留学をしていたらしい。ロック自身は、家がそれほど金持ちではなかったので外遊はせず、文法学校から大学というコースを歩いたことは、「I　ロックの時代と生涯」でのべたとおりであるが、ロックは自分がうけてきた教育には、どうしても賛成できなかった。

ロックは教育というものは知識のつめこみではないと考えている。当時の学校教育は、「I　ロックの時代と生涯」でもちょっとふれたように、ラテン語やギリシア語の文法を丸暗記させることを主としており——文法学校という名もそこからでている——そういう教育にどれだけ意味があるのかとロックは疑問をなげかけている。ジェントルマンにとって必要なのは、知識よりもむしろ、しつけであり、そして健康な身体であるとロックは主張している。

「健全な精神は健全な身体にやどる」という言葉でその「教育論」を書きだしているロックは、まず身体を丈夫にすることに注意をむけている。そこでロックがいいたかったことは、子どもを自然のままにのびのびと育てなさいということであった。医者であったロックは子どもの健康については、食事や睡眠のこと、戸外の運動のこと、夜眠のことなどこまごまと注意をあたえ、小さいうちから暑さ寒さに耐えられるような健康な身体に育てるよう注意している。

徳育と知育

しかしロックが子どもを自然のままにのびのびと育てよといっているのは、主として子どもの身体についてであって、たとえば女の子がコルセットなどで無理に身体をしめつけるという風習はやめるようにいっているのだが、徳育、つまりしつけの問題となると、ロックは子どものわがままをおさえ、徳性をうえつけるように主張している。家庭教育におけるしつけのきびしさは、イギリスの上流階級の家庭ではふつうのことのようであるが、ロックはそのことを「教育の原理」と考え、その『教育論』の第二章でこの問題を詳しく論じており、そのことがかれの教育思想のもう一つの特徴をなしているといってよいであろう。

しかし、しつけをきびしくするといっても、ただむやみに子どもを叱りつければよいということではない。とくに親のほうが感情的になって体罰を加えるということには、もちろんロックは反対である。子どもの要求のうち正当なものと不当なものとを親は理性的に判断をし、正しい要求はこれを伸ばしてやることが必要である。またロックは叱りつけるとか、道徳の項目を覚えさせるとかというような育て方にも反対であって、いちばん重要なことは大人がよい行ないの模範をしめし、強制ではなく自発的な習慣を身につけさせることだ、と考えている。つまり、知識のつめこみに反対であるように、ロックは徳目のつめこみにも反対なのであって、美徳や悪徳は行動でしめされ、教えられなければならないといわれている。このように、教え方という点ではロックはつめこみ式に反対していたのだけれども、しかしもっと根本的な点では、ロックの考え方は子どもの要求をのばすというよりはむしろ、これを理性の教えにあわせてゆくということに重点をおくものであった。ヨーロッパの教育思想の流れのなかでいうと、一七、八世紀の代表的な思想は、コメニウスやルソーなどのように、子どもの要求を抑えるというよりは解放してゆくという主張が強かったのだが、ロックはむしろその逆であった。教育思想のなかで子どもの要求をのばしてゆこうという考え方は、もっとひろくいえば、封建社会のもとで押えつけられていた人間の要求や欲望を解放しようという考え方につながっているのだが、ロックのばあいには欲望の解放よりもむしろ抑制が強調されていたともいえよう。

このことはロックの人間論の全体にも関係することだが、とくに教育論のなかではロックは欲望と理性とを対立的にとらえていた。美徳というものは、ロックによれば、自分の性向や欲望を抑えて理性の命令にしたがうことである、といわれている。子どもが何でも自分のやりたいことをやるのではなく、その欲望を抑えて秩序を守るというのは、もちろん正しいことだけれども、しかしここで問題となるのは、守るべき秩序あるいは理性の命令とは何であるのか、それはどのようにして知られるのか、ということである。別の言葉でいえば、道徳を守ることはもちろんたいせつだが、その道徳の中身はきまりきったものなのではなく、時代とともに変わるものではないのか、ということである。ロックはこの問題を、社会の評判ということで解決しようとした。つまり社会の世論によってほめられることはよいことであり、世論によって非難されることは悪いことなのであって、世論が道徳の基準とされる。それにかなうことが名誉であり、それに反することは恥であるから、名誉と恥とがよい行ないをすすめ、悪い行ないをやめさせる力となる、と考えられている。こういう考え方はロックの道徳論の基本でもあるのだが、この章のはじめのほうでもちょっとのべたように、ここでロックが社会環境というものを批判せず、与えられたものとしてうけいれていることに注目しておきたい。社会の評判にしたがうのではなく、これに反逆することが、ときには正しい行為であることもありうるのだが、ロックはそのようには考えないのである。ブルジョア革命を終わってでき上がった市民社会の秩序を尊重し、これにしたがってゆくことに、美徳の基本をおき、それを育てることに徳性教育の中心をおいたのが、ロックの教育論であったのである。

知識の教育はロックの教育論ではいちばん最後にあつかわれ、その重要性も徳育より低いものと考えられている。知育をあまり重視しないことは、不思議に思われるのかもしれないとロック自身ものべているのだが、ロックによれば知識はそれ自体が重要なのではなく、ほかのもっと重要な諸性質を身につける補助として必要なだけだとされている。こういう考え方は、フランシス＝ベーコンあたりからはじまるイギリス経験論の伝統であって、中世のスコラ哲学が古代の哲学者の教えをいろいろとひねくりまわし、実際の生活とはかけはなれた議論ばかりくりかえしていたことにたいする批判が、ここにはふくまれていたとみることができる。

それではロックが知育の中身として具体的にどういう知識を考えていたのかというと、まず最初が読み方教育、次が習字、その次には外国語であるが、ここではフランス語とラテン語がジェントルマンにとっては絶対に必要であるとされている。ただ先にものべたように、とくにラテン語の勉強では文法の丸暗記ではなく、会話からはいり、いつの間にかくせをつけるという方法をとるようにと主張している。これはいまのわたくしたちの語学教育のなかでも考えてみるべき問題であろう。外国語とならんでロックがあげているのは、地理・算術・幾何・年代学・歴史・法律・論理学・哲学などである。この一つ一つについての説明は省略するが、ここまでのところではそれほど注目をひくような点はない。ただ教え方の点でつめこみにならないよう注意をくりかえしていることぐらいが注目される程度であろう。ロックの知育論でおもしろいのは、こういう常識的な科目にさらにつづけて、ダンスや音楽やフェンシングや乗馬などのレクリエーションをあげたあと、いろいろな職業的技術があげられていることである。ジェントルマンがそういう職業的技術を身につける必要があるというのは、おかしい気もするし、ロック自身もそれはジェントルマンにふさわしくないものと考えられるかもしれないと断わり書をつけているのだが、たとえば農業・大工・銀細工・手工・塗りものなどを練習させるよう、ロックは要求している。ただしこういう技術は、ジェントルマンがそれによって生計をたててゆこうというためのものではなく、一種のレクリエーションとしていわれているのであって、あるいはせいぜい、それを通して生産的労働の重要性を学ばせようとするためのものにすぎない。ただ一つだけ、レクリエーションでない技術をロックは主張していた。それは収入支出を記録してゆく会計帳簿のつけかたである。当時の地主のうち古いタイプの地主は、収支のことにあまりこまごまと気を使わず、気前よく暮らすということを美徳と考えており、物惜しみをしないことや、人を丁重《ていちょう》にもてなすことがジェントルマンにふさわしいやり方だといわれていたのだけれども、ロックのばあいにはそうではなく、帳簿をキチンとつけて家産を守りふやしてゆくことがたいせつだと考えられたのであった。ロック自身もそういう性格の人で、かれがつけていた会計帳簿がいまでも残っているが、こういうことが新しいタイプの地主には重要な仕事の一つと考えられたのであろう。農業などの職業的技術についてはロックはこれを実務と考えてはいないが、この帳簿づけはジェントルマンの実務教育なのであり、これを軽視したり軽蔑したりしてはいけない、というのである。

貧民のための教育

ジェントルマンの教育とならんで、ロックにはもう一つ、貧民のための教育論があった。いまのわたくしたちの常識からいうと、教育は貧富の差なく平等にあたえられるべきであるから、ジェントルマンと貧民とを分けて別々にその教育を考えるのはおかしいのであるが、ロックの時代にはこれはある程度やむをえないことでもあった。というのは、貧民の問題が当時はたいへん大きな社会問題になっていて、その対策をどうするかということがしきりに議論されており、そういう大きな問題の一部として教育の問題を考える流れがあったからである。

貧民というものはいつの時代にもあるように思えるが、やはりその時代によってその問題のもつ意味はちがってくるのである。ロックの時代は封建社会から近代資本主義へうつる境目の時期であって、この時期には貧民の問題は特別な意味をもっていたといえよう。つまり封建社会では、もちろんそこにも貧しい人びとはいたのであるが、こういう人びとを助け世話をすることは、村人全体、あるいは都市ではギルド全体の責任であり、さらにそこからはみだした浮浪人などは教会がその世話をすることになっていた。だから貧民問題は大きな社会問題となることはなかったのである。ところが資本主義が発達してくると、一方では土地を失ったり、ギルドに吸収しきれなくなったりして、農民や職人で失業するものがふえ、その反面、村やギルドという共同体の力が弱まり、また教会も宗教改革で打撃を受けたりして、貧民問題が大きく浮かび上がるようになってくるのである。それはイギリスでいうと、だいたい一六世紀中期以後のことであった。そこで、村やギルドや教会の代わりに、政府が貧民救済にのりだすこととなり、救貧税というものをつくってそれで貧民の生活を補助するというやり方がとられるようになる。イギリスでは一五七二年の法律ではじめてこの制度がとられ、一六〇一年の有名なエリザベス救貧法によって体系化された。

一七世紀の中ごろに書かれたあるパンフレットによると、当時約五〇万人——総人口の一割——の貧民がいたといわれ、一六八八年の推定では浮浪者だけで三万人、貧民・貧農をあわせると一三〇万人といわれている。このあとの数字は、労働者や農民の下層部分をふくんでいるから、これが全部、救貧の対象となっていたわけではないが、とにかくこういうたくさんの貧民を救貧税でやしなってゆくことは政府にとっても国民にとってもひじょうに大きな負担であった。そこで一七世紀の中ごろから、こういう大きな負担を減らし、もっと有効な方法で貧民を救済しようというういろいろな提案がだされるようになってきた。その考え方はさまざまであったが、大筋としては次のような考え方が有力であった。それは貧民のうちには、働きたくても年をとっていたり、身体に故障があったりして働けないものと、働く能力はあるが働き口のないもの、さらに働き口があるのに怠けて働かないものなど、いろいろある。だから働けないものは孤児院や養老院などにいれて生活の面倒をみてやるが、働く能力のあるものには補助などをあたえずに、働き口をあたえてやり、あるいは技術の訓練をして働かせるべきである。そうすれば救貧のための負担が軽くなるだけでなく、貧民を働かせることによって国の富もいっそうふえるから、まさに一石二鳥ではないか。こういう考え方がつよくなってきて、いままでの養老院や孤児院のほかに、労役所をつくり、ここで仕事をあたえようという提案がだされ、またいくつかのところで実際にそういうこころみがなされたのであった。ロックの提案も、こういう救貧制度改革のこころみの一つとしてだされたものである。

ロックの案はなかなかきびしいものであって、大人の貧民は強制的に労働させ、いうことをきかないものは収容所へいれよといっているのであるが、これを教育論としてみたばあいにとくに注目されるのは貧民の子どものあつかいである。ここで子どもというのは三歳から一四歳までをさしているが、ロックはこれらの子どもを労働学校へいれ、そこで仕事を覚えさせながら教育すれば、子どもでも自分の生活費と教育費ぐらいは自分でかせぐことができるはずだ、と主張している。ロックにこういう考え方をあたえたのは、かれの友人のトマス＝ファーミンという人で、このファーミンによると、子どもを労働学校にいれて一日二時間ぐらい勉強を教え、あと仕事をさせれば、五、六歳の子どもでも一日に二ペンスぐらいはかせぐといわれている。そして勉強の中身としては、聖書のほかに最低必要な算数、読み書きを教えればよいとされ、特別な才能のある少数の子どもにはもっとひろい教養をあたえてよいが、ふつうの子どもにはラテン語など教えてもすぐ忘れてしまうから、教養よりは職業訓練をやるように、といっている。ロックの考えもこれとおなじであって教育の内容にはくわしくふれてはいないけれども、労働学校で教えるべきことは毛織物を織ったり、編みものをしたりというような職業技術であり、知識や教養よりもしつけと技術が重視されている。宗教教育も考えられているが、これもやはりしつけの一部とみられているようで、このように小さいうちから技術を教えこめば、大人になってからもまじめで勤勉になるとロックは主張している。

三歳や四歳の子どもを学校に入れ、織りものや編みものを教えよというのは、わたしたちからみるとずいぶんきびしいように思われるが、ロックから一〇〇年以上たった産業革命のころでも、五、六歳の子が炭坑の地下で働いているのがふつうだったというから、その点はそれほど特別なことではない。やはり重要な点は、ロックがジェントルマンと貧民とを分け、貧民の子どもには教養や知識よりも技術を教え、労働者として育てあげるように、と要求していることである。教育のなかでもこういう身分のちがいがはっきりとうちだされていることに、どういう意味があるのかを、ロックの教育思想のしめくくりとして少し考えてみよう。

ロックと近代教育思想

さきにも少しふれたけれども、近代の教育思想は封建社会の身分制度に反対して、すべての人に人間としての価値をみとめ、すべての人がそれぞれ自分のもっている能力を伸ばす

エラスムス

ことができるように要求するところからはじまる、といってよい。こういう考え方はヒューマニズムの教育論とよばれるが、たとえば一六世紀オランダのエラスムスや、スペインのヴィヴェスなどにはそういう考え方がはっきりとみられた。エラスムスによれば、当時の学校は、「学校というよりむしろ牢獄とよぶにふさわしい」ものであり、そこで行なわれている教育は、「ほんらい自由である子どもを奴隷化する」ものであった。これにたいしてすべての子どもを自由な人間としてあつかい、子どもの人格を尊重せよというのがエラスムスの主張である。こういう考え方をさらに発展させ、すべての子どもに六年間の普通教育をあたえようと提案したのは、チェコの愛国者コメニウスであるが、コメニウスは一六四一年にイギリスを訪問し、その考えをつたえた。イギリスではその前からヒューマニズムの流れが入りこんで、それがジェントルマンのための教育論としていくつかあらわれていたが、ちょうどピューリタン革命のころにコメニウスなどの影響下に民衆教育論として発展するようになった。

これとならんでイギリスではもう一つの流れがあった。それは先にも少しふれたが、フランシス＝ベーコンなどにはじまる経験論の思想で、教育論のなかではそれは自然科学の重視、技術教育の主張という形であらわれていた。こういうさまざまな流れのうえにたって、ピューリタン革命期には、ハートリブ、ミルトン、ペティ、ウィンスタンリなど、多くの人々によって教育論が書かれていたのである。ロックの教育思想

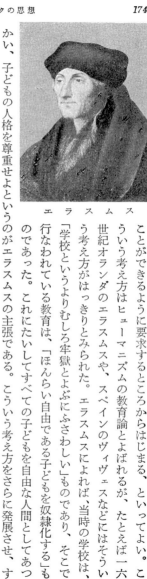

は、こういう流れのなかでとらえてみなければ、そのほんとうの意味を理解することはできない。

ロックの教育思想のうちのジェントルマンのための教育論は、基本的にはエラスムス以来のヒューマニズムの流れのうえにたっている。ただすでにのべたように、ロックになると子どもの要求の解放という側面よりも、むしろ新しい市民社会の秩序への適応という面がつよくなっており、そういう形で一八世紀へ受けつがれてゆくのである。したがってまたロックのばあいには、このヒューマニズムの教育論を、すべての民衆へひろげるという考え方はなくなっている。ロックに二つの教育論があるのはそのためであって、いわばロックはヒューマニズムの教育思想の流れの曲り角にたっている、といってもよいであろう。民衆教育の思想は、ロックの時代には別の形で発展していた。それはピューリタン革命の時代の民主主義の思想と結びつき、貧しい働く人びとこそ国の宝であり、その労働こそ国の富の源泉なのだから、こういう人びとにたいする教育がもっとも大事なのだという考え方であって、こういう考えを主張した人びとのうちでいちばん有名なのは、ロックとほぼ同じころあらわれたジョン＝ベラーズという人である。ロックが貧民の教育をヒューマニズムの立場からではなく、安上がりの労働力の養成という立場から考えているのにくらべてみれば、ベラーズなどが主張した教育論ははるかに進歩的であったといえよう。

しかし資本主義の発展するなかでは、ベラーズのような考え方はなかなかうけいれられなかった。ベラーズの思想を復活させうけついだのは、一九世紀のはじめにでた空想的社会主義者のロバート＝オーエンであって、オーエンは人格形成のうえで環境というものがひじょうに大きな役割を果たすと考え、労働者の貧困や堕

オーエン

落を救うためには教育がもっともたいせつだと考えた。そしてこのオーエンの思想を受けつぎ、さらに発展させたのがチャーチスト運動であり、そのなかから、労働者は自分たちの力で自分の教育をやらなければならないという考え方が生まれるとともに、国家にたいして、すべての子どもに普通教育をあたえよという要求が発展していった。しかしこの要求が実現されるのは一九世紀の後半のことであり、さらにこの要求をうけついで発展させ、「すべての子どもに中等教育を」というスローガンをかかげた労働党の要求が実現されるのは、二〇世紀にはいってからである。教育における民主主義がすすむのには、こんなに長い時間がかかるのであって、それまでのあいだ、イギリスではロックの時代とだいたいおなじように、上・中・下層の家庭でそれぞれに、地位や身分に応じた差別の教育が行なわれていたのである。だから、二〇世紀になってからようやく実現したような――しかもある意味では現在でも十分に達成されていない――ほんとうに民主的な教育制度を、もし近代教育思想あるいは近代教育制度というなら、ロックの思想はそれからはずいぶん遠いこととなる。しかしだからといってロックの教育思想を反動的だときめつけるのも正しくないのであって、やはり教育思想の面でも、ロックが古い教育のやり方を批判した進歩性はみとめなければならない。そしてその進歩性と結びついて、貧民にたいするきびしい差別の思想がみられたことは、じつは近代市民社会が形のうえでの民主主義をときながら、実質的には新しい不平等をもちこみ、みとめていることのあらわれとして理解すべきであろう。

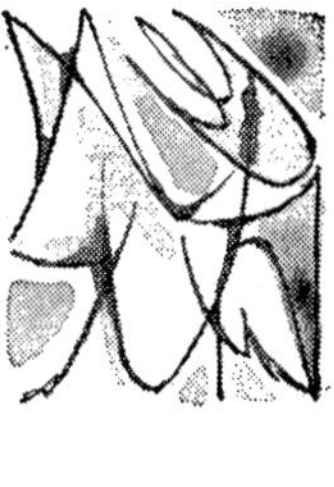

あとがき

偉大な時代は、偉大な思想家を生む。ロックもまたその例外ではなかった。かれは、一七世紀に最初に近代を切り開いたイギリス革命の子であった。かれは、当時の大半の人びとが、烈しい革命・反革命の嵐のなかで押し流されるかあるいはそれをたんに傍観《ぼうかん》していた時期に、革命の時代的課題や思想状況を冷静に分析し、それを革命の思想にまで集大成し、そのことによって、その後の世界のあらゆる人びとに新しい思想の光を投げかけたのである。

かれの思想の基本的性格は、人間の自由と権利をなによりも尊重し、そのために、人間の自由と権利に圧力を加えるさまざまな権力（政治的・経済的・宗教的・思想的）をどのように制限し、人間の自立性を保持していくか、というものであった。かれが、政治・経済・哲学・宗教・教育というさまざまな分野から、理論化を試みたのは、そのためであった。このような総合的な研究を通じて、はじめて、かれの思想は、それまでの封建的・絶対主義的な思想を全面的に撃破することが可能となり、その後の近代民主主義思想の原理的出発点となることができたのであった。

ロックにおける人間の自由と権力の問題は、ベンサム・ミル・スペンサー・グリーン・ラスキと受けつがれ、こんにちの重要な民主主義的政治原理の一つとなっている。かれの経済論は、スミスやマルクスにそれぞれ受けつがれ、かれの経験論哲学は、一八世紀の啓蒙哲学に巨大な影響をあたえ、それは、アメリカの「独立宣言」、フランス「人権宣言」に具体化された。また、その宗教的寛容論は、一九世紀のプリーストリやミルによって、近代市民の、権利としての「宗教の自由」の観念にまで昇華された。

人はパンのみにて生くるにあらず。人は、それぞれのおかれたある一つの歴史的時代や政治・経済・思想的諸条件のなかで、必ずしも短くない生涯をすごさなければならないであろう。そのさい、かれは、なんらかの意味で、一つの人生観や世界観を形づくり、それに依拠《いきょ》して生活しているのである。

われわれは、ロックという一人の偉大な思想家の生涯と思想を通じて、現代社会において、社会正義にたいする烈しい願望と、その実現のための客観的に事物をみる眼と、人生を味わい楽しむ一つの人生態度を学びとる必要があるだろう。

ロック年譜

西暦	年齢	年譜	背景をなす社会的事件、ならびに参考事項
一六三二年		八月二九日、イングランド南西部のサマセット州に生まれる	
三七	六歳	弟トマス生まれる	ハムデンによる船舶税拒否事件起こる
四〇			長期議会が始まり、チャールズ一世の大権支配攻撃される
四二			ピューリタン革命が始まる
四六	一五	ウエストミンスター・スクールへ入学	
四九			チャールズ一世処刑される(一月)、共和国樹立(五月)
五一			ホッブズ『リヴァイアサン』出版、航海条例の制定
五二	二一	オックスフォード・クライスト・チャーチへ入学	第一次イギリス・オランダ戦争始まる
五三			クロムウェル、護民官となる

五六		マスター‐オブ‐アーツをえ、クライスト‐チャーチの特別研究員に選ばる	ハリントン『オシアナ』出版
五八			クロムウェル死す
六〇		クライスト‐チャーチのギリシア語講師となる	王政復古、チャールズ二世の即位
六五		教職を離れ、ヴェーンの秘書として、ブランデンブルク選帝侯のもとへおもむく	第二次イギリス・オランダ戦争
六六		アシュリ男爵（のちのシャーフツベリ伯）と知り合い、その主治医兼秘書となる	
六七		「カバル政府」成立、アシュリその一員となる	ミルトン『楽園喪失』出版
六八		王立協会会員に選出される	新教諸国(イギリス・オランダ・スウェーデン)三角同盟を締結
六九		カロライナ植民地の経営に参加する	
七〇		ぜん息に苦しめられ、これは生涯つづく	チャールズ二世とルイ一四世の「ドウヴァ条約」結ばれ、議会側の不満
七二		静養のためフランスへ	アシュリ、シャーフツベリ伯爵に叙せられ、大法官になる。第三次イギリス・オランダ戦争。チャールズ「信教寛容令」をだす

七三			シャーフツベリ、反国王派となる。「信教寛容令」の撤回、代わりに議会「審査法」を制定。
七五	四四	ふたたびフランスへ旅行	シャーフツベリを中心とするグリーン-リボン-クラブ(ウィッグ党の前身)結成。
七六			ルイ一四世、イギリス国王に一〇万ポンドの補助金を与える協約を結ぶ
七七			シャーフツベリ、バッキンガムらロンドン塔へ幽閉される
七八			議会、国王に対しイギリスの外交政策を変更し、またカトリックに対して決定的な処置をとることを要求
七九			議会、「王位排斥法案」を提出、「人身保護法」制定
八〇			下院、第二次「王位排斥法案」を採択、上院は拒否。フィルマーの『族長論』の再刊
八二			シャーフツベリ、オランダに亡命
八三	五一	オランダに亡命	
八五			ジェームズ二世即位。モンマスの蜂起失敗

八七			ジェームズ二世、ケンブリッジ・オックスフォード大学を圧迫。知事の半数を罷免、かわりに旧教徒にその職をあたえる
八八			王党派・議会派によるオレンジ公ウィリアムへの呼びかけ、ジェームズの逃亡、名誉革命の勝利
八九		名誉革命の成功により帰国。『宗教的寛容に関する書簡』出版	「憲法制定協議会」始まる
九〇	五八	『統治論』『人間悟性論』『第二寛容書簡』出版	「寛容法」の発布、「権利章典」の採択
九二	六〇	『貨幣金利論』『第三寛容書簡』出版	
九三	六一	『教育論』出版	
九五	六三	『キリスト教の合理性』出版	
九六	六四	通商植民局の委員となる	
九七	六五	アイルランドの麻製造業育成、貧民作業場についての委員会に参加	
一七〇〇	六八	すべての公職を辞任	
〇四	七二	一〇月二八日死亡	

参考文献

≪イギリス革命に関するもの≫

『イギリス革命』　水田洋編　御茶の水書房　昭33
『イギリス市民革命史』　浜林正夫著　未来社　昭34
『イギリス革命』　C・ヒル著　田村秀夫訳　創文社　昭31
『近代英国の起源』　越智武臣著　ミネルヴァ書房　昭41

≪イギリス革命の思想に関するもの≫

『リヴァイアサン』　ホッブズ著　水田洋・田中浩訳　『世界の大思想』　河出書房　昭41
『オシアナ』　ハリントン著　田中浩訳　『世界大思想全集』　河出書房　昭37
『クロムウェル』　今井宏著　誠文堂新光社　昭36
『革命思想小史』　山崎時彦著　ミネルヴァ書房　昭34
『近代人の形成』　水田洋著　東京大学出版会　昭29
『イギリス革命思想史研究』　田村秀夫著　創文社　昭36

≪ロックに関するもの≫

『統治論』　浜林正夫訳　『世界の思想』　河出書房　昭37
『自然法論』　浜林正夫訳　『世界大思想全集』　河出書房　昭37
『宗教的寛容に関する書簡』　浜林正夫訳　『世界大思想全集』　河出書房　昭37
『人間悟性論』　加藤卯一郎訳　岩波文庫　昭15
『教育に関する考察』　服部知文訳　岩波文庫　昭42

≪ロックの研究書≫

『近代イギリス哲学の形成』　山崎正一著　春秋社　昭25
『力について』　太田可夫著　如水書房　昭28
『名誉革命の人間像』　山崎時彦著　有斐閣　昭27
『市民政治理論の形成』　松下圭一著　岩波書店　昭34
『ロックにおける人間と社会』　平井俊彦著　ミネルヴァ書房　昭39
『ロック』　大槻春彦著　牧書店　昭39

さくいん

— 完 —

ロック■人と思想13　　定価はカバーに表示

1968年3月1日　第1刷発行©
2015年9月10日　新装版第1刷発行©
2020年9月10日　新装版第2刷発行

・著　者 ……………………田中《たなか》　浩《ひろし》／浜林《はまばやし》　正夫《まさお》
平井《ひらい》　俊彦《としひこ》／鎌井《かまい》　敏和《としかず》

・発行者 ……………………………………野村久一郎

・印刷所 …………………………大日本印刷株式会社

・発行所 …………………………株式会社　清水書院

検印省略

落丁本・乱丁本は
おとりかえします。

〒102-0072　東京都千代田区飯田橋3-11-6
Tel・03(5213)7151～7
振替口座・00130-3-5283
http://www.shimizushoin.co.jp

CenturyBooks

Printed in Japan
ISBN978-4-389-42013-0

CenturyBooks

清水書院の〝センチュリーブックス〟発刊のことば

近年の科学技術の発達は、まことに目覚ましいものがあります。月世界への旅行も、近い将来のこととして、夢ではなくなりました。しかし、一方、人間性は疎外され、文化も、商品化されようとしていることも、否定できません。

いま、人間性の回復をはかり、先人の遺した偉大な文化を継承して、高貴な精神の城を守り、明日への創造に資することは、今世紀に生きる私たちの、重大な責務であると信じます。

私たちがここに、「センチュリーブックス」を刊行いたしますのは、人間形成期にある学生・生徒の諸君、職場にある若い世代に精神の糧を提供し、この責任の一端を果たしたいためであります。

ここに読者諸氏の豊かな人間性を讃えつつご愛読を願います。

一九六六年

清水 [illegible]

SHIMIZU SHOIN